Karénina Kollmar-Paulenz

Kleine
Geschichte Tibets

Verlag C. H. Beck

Mit 3 Karten und 9 Abbildungen

Originalausgabe

© Verlag C. H. Beck oHG, München 2006

Umschlaggestaltung: + malsy, Bremen
Umschlagabbildungen: *Vorderseite, links:* Junger Mönch in Tibet,
Foto: Alison Wright/Corbis; *rechts:* Potala-Palast in Lhasa,
Foto: IFA-Bilderteam/Shashin Koubou; *Rückseite, links:* Wandgemälde
des Buddha in Tsaparang, Foto: Craig Lovell/Corbis; *rechts:*
Chinesische Soldaten in Lhasa, 2001, Foto: Katzer/f1 online
Gesamtherstellung: Druckerei C. H. Beck, Nördlingen
ISBN-10: 3 406 54100 3
ISBN-13: 978 3 406 54100 1

www.beck.de

Inhalt

Vorwort

Im Jahr 2005 ist der 14. Dalai Lama siebzig Jahre alt geworden, ein Ereignis, das in der Schweiz, dem Land, das neben Indien in den sechziger Jahren die meisten tibetischen Flüchtlinge aufgenommen hat, u. a. mit einer ihm gewidmeten Ausstellung gefeiert wurde. Die Tausende von Menschen, die im Herbst 2005 täglich nach Zürich reisten, wo der Dalai Lama eine zehntägige buddhistische Unterweisung gab, machen eindrucksvoll deutlich, daß Tibet und vor allem der tibetische Buddhismus bis heute nichts von ihrer nun schon Jahrhunderte währenden Faszination eingebüßt haben. Tibet, das Land auf dem «Dach der Welt», ist seit den achtziger Jahren vielen Reisenden zugänglich geworden, und trotzdem haben die Mythen, die unsere Wahrnehmung des Landes bestimmen, diese realen Begegnungen überdauert. Für weite Kreise der Öffentlichkeit ist das traditionelle Tibet vor 1950 immer noch ein weltentrücktes geheimnisvolles Land, in dem die Menschen allein nach spiritueller Weisheit streben und ein bemerkenswertes Desinteresse an den materiellen Errungenschaften der modernen Zivilisation zeigen. Der Name «Tibet» steht hier als Chiffre für Spiritualität, Friedfertigkeit und ein Leben in Einklang mit der Natur. Das reale Tibet, dem wir heute in der Tibetischen Autonomen Region (TAR), einem Teil der Volksrepublik China, begegnen, ist in den Augen vieler Reisender nicht mehr das «wahre», authentische Tibet, das sie aus der einschlägigen Literatur, die sich mit «östlicher Weisheit» beschäftigt, kennen. Aber auch wenn das «wahre» Tibet nicht mehr als geographisch faßbare Realität existiert, so existiert es doch als Vorstellung, deren Bewahrung sich die Exiltibeterinnen und Exiltibeter zum Ziel gesetzt haben. In dem kleinen indischen Städtchen Dharamsala, versteckt in den Vorbergen des Himalaya, werden auch heute noch die Träume zivilisationsmüder Europäer und Amerikaner von einem mystischen *Shangri La,* einem spirituellen Zufluchtsort in einer durchweg korrupten und materialistischen Welt, Wirklichkeit.

Dieser Eindruck von Tibet wird verstärkt durch das Bild, das die tibetische Exilregierung vom traditionellen Tibet zeichnet: ein Land, das es sich zur Aufgabe gemacht hat, den Buddhismus in seiner Reinheit, wie er aus Indien überliefert wurde, zu bewahren, und dessen einziges Konfliktpotential darin zu bestehen schien, innere Angriffe auf seine Reinheit abzuwehren, ein Land von Klöstern und Tempeln, in dem die Mehrheit der Bevölkerung Mönche und Nonnen waren, in dem auch die Laien sich überwiegend mit religiösen Praktiken beschäftigten, ja in dem selbst die Regierungsmacht von frommen Männern ausgeübt wurde, die keinerlei weltliches Machtstreben kannten. Die Exilregierung setzt damit eine lange historiographische Tradition fort, da tibetische Geschichte in Tibet stets als Geschichte des Buddhismus in Tibet geschrieben wurde.

Mit der hier vorgelegten *Kleinen Geschichte Tibets* wird der Versuch unternommen, eine Geschichte Tibets jenseits populärer Mythen zu schreiben. Dies wird dadurch erschwert, daß in den meisten tibetischen Geschichtsquellen die Geschichte Tibets in einem universalhistorischen buddhistischen Deutungsrahmen präsentiert wird. Erst die Auswertung bislang weniger beachteter Quellen wie Inschriften oder Klosterurkunden ermöglicht es uns, die in der tibetisch-buddhistischen Geschichtsschreibung oft vernachlässigten politischen und wirtschaftlichen Aspekte in die Darstellung einzubeziehen. Darüber hinaus wurde besonderer Wert darauf gelegt, die vielfältigen politischen, kulturellen und wirtschaftlichen Vernetzungen Tibets im Kontext des zentralasiatischen kulturellen Raums nachzuzeichnen, um das Bild vom isolierten Land auf dem Dach der Welt zu korrigieren.

Das Hauptaugenmerk des Buchs gilt Zentraltibet. Oft wird Tibet als zentralisierter Staat und Lhasa als sein politisches Zentrum, das seine Macht auch in entlegenen Provinzen ausübte, dargestellt. Dies trifft jedoch allenfalls für die kurze Periode von 1913 bis 1950 zu, und auch in dieser Periode hatte die Zentralregierung in Lhasa nur einen äußerst begrenzten Einfluß in Osttibet. Das ethnische Tibet zerfiel vor 1950 in eine Vielzahl von Regionen, von denen manche eine politische Zentralgewalt kannten, andere hingegen sogenannte staatenlose Gesellschaften ohne eine zentrale politische Autorität bildeten. Zentraltibet hat nur in wenigen Perioden der tibetischen Geschichte seine Macht auf die osttibetischen Regionen ausdehnen können. Ost- und Nordosttibet haben ihre eigene Geschichte, die eine eigene Darstellung verdient. Es würde den Umfang dieses Buches sprengen, auch die Geschichte der zum ethnischen Tibet gehörenden Himalaya-Regionen und Osttibets detailliert zu beschreiben. Die Entwicklungen in den osttibetischen und den Himalaya-Regionen werden daher lediglich im Kontext der Geschichte Zentraltibets berücksichtigt.

Die *Kleine Geschichte Tibets* richtet sich an ein Publikum, das dem Schicksal des von China besetzten Tibet Interesse entgegenbringt und mehr über die Geschichte des Landes erfahren will. Auf die übliche wissenschaftliche Transliteration des Tibetischen wurde verzichtet und eine Umschrift verwendet, die sich an der Aussprache des modernen Standard-Tibetischen orientiert. Das in der Umschrift verwendete «j» wird «dsch» ausgesprochen. Darüber hinaus wurden gängige Schreibweisen bekannter Namen und Wörter beibehalten. In runde Klammern gesetzte tibetische Termini sind wissenschaftlich transliteriert. Die korrekte wissenschaftliche Transliteration aller verwendeten Namen und Begriffe wird am Ende des Buchs in einer Tabelle angegeben. Die Autorin hofft, mit dem kleinen Werk auch den Studierenden der Tibetologie und angrenzender kultur- und geschichtswissenschaftlicher Disziplinen eine erste Überblicksdarstellung, die sich am neuesten Stand der Forschung ausrichtet, an die Hand zu geben.

Zuletzt bleibt mir die angenehme Pflicht, allen an der Entstehung des Buchs Beteiligten meinen Dank auszusprechen. Eine Reihe von nützlichen Hinweisen habe ich von Sven Bretfeld, Isabelle Noth, Susanne Ris-Eberle und Jens Schlieter erhalten, die das Manuskript gründlich gelesen haben. Nora Bauer hat die Register erstellt. Ihnen allen sei herzlich gedankt. Für etwaige verbliebene Fehler und Unzulänglichkeiten bin ich allein verantwortlich.

Bern, im Herbst 2005   *Karénina Kollmar-Paulenz*

Einführung

Der Raum

Die Grenzen des Landes, das wir heute «Tibet» nennen, haben
sich im Lauf einer fast zweitausendjährigen Geschichte häufig geändert. Das historische Tibet schloß ein wesentlich größeres
Gebiet als die heutige Tibetische Autonome Region (TAR) ein, die
politisch einen Teil von China bildet und rund 1 217 000 km² umfaßt. Auf dem Höhepunkt seiner Macht im 7. bis 9. Jahrhundert
erstreckte sich das tibetische Reich über ein riesiges Territorium,
das von Nordchina bis nach Nordindien reichte. Dunhuang an der
Seidenstraße und das nördliche Yunnan befanden sich unter tibetischer Herrschaft, und sogar das westliche Zentralasien fühlte die
Präsenz der tibetischen Militärmacht. Schon der Name «Tibet»,
der für die europäische Literatur das erste Mal im 12. Jahrhundert
in dem Reisebericht des Spaniers Benjamin de Tudela belegt ist,
legt von der Expansion des tibetischen Reichs nach Westen Zeug-
nis ab, denn er leitet sich aus dem arabischen «Tubbat» ab, einer
Bezeichnung für die turk-mongolischen Tuyu-hun, mit denen die
Araber in Zentralasien in Kontakt kamen. Die Tibeter nennen sich
selbst *Pöpa*, ihr Land nennen sie *Pö* bzw. *Pöyül*, eine Bezeichnung,
die schon in den alttibetischen Quellen aus dem 8. und 9. Jahrhundert belegt ist. Sie muß jedoch viel älter sein, denn schon der
hellenistische Historiker Klaudios Ptolemaios erwähnt ein Volk
namens «Bautai», von dem Ammianus Marcellinus später berichtet, daß es in der Gegend von *Serica*, Ost-Asien, lebe. «Bautai»
leitet sich wahrscheinlich aus *bhautta* ab, das wiederum wohl eine
indische phonetische Wiedergabe von *Pö* ist. Während in den alttibetischen Annalen *Pö* lediglich Zentraltibet, die heutigen Pro-

vinzen Ü und Tsang, bezeichnete, besitzt der Begriff je nach Kontext heute mehrere Bedeutungen. Zum einen bezeichnet er im tibetischen Sprachgebrauch auch heute noch Zentraltibet in Abgrenzung zu *Do Kham,* den osttibetischen Provinzen. Zum anderen wird *Pö* von allen Tibetern als Eigenbezeichnung gegenüber Fremden gebraucht und umschließt ganz Tibet im ethnischen und kulturellen Sinn, auch dies ein Gebrauch, der schon auf der Stele vor dem *Jokhang*-Tempel in Lhasa, die in Erinnerung an das tibetisch-chinesische Abkommen von 821/22 errichtet wurde, belegt ist.

In diesem Buch wird die Bezeichnung «Tibet» in dem umfassenden ethnischen und kulturellen Sinn gebraucht, den der Begriff *Pö* heute für Tibeter als Eigenbezeichnung hat. Sie wird jedoch nicht im Sinne eines politisch zentralisierten Staates benutzt, der bis zum Einmarsch der chinesischen Truppen von einer Zentralregierung in Lhasa regiert wurde. Das ethnische und kulturelle Tibet war in der Vormoderne durch eine Vielzahl heterogener Gesellschaften gekennzeichnet, von denen einige einer zentralisierten politischen Gewalt unterstanden, andere hingegen keine politische Zentralgewalt kannten. Die Regierung des Dalai Lama in Lhasa, im Tibetischen *Ganden Phodrang,* «Tushita-Palast», genannt, war lediglich die bedeutendste und größte unter den tibetischen Gesellschaften, die einer politischen Zentralgewalt unterstellt waren. Sie schloß von 1642 bis 1959 Zentraltibet, die Region Ngari in Westtibet und Teile des osttibetischen Kham ein. In Kham existierten aber auch lokale Fürstentümer, die unabhängig von Lhasa waren. Amdo wurde während der Mandschu-Zeit formal von dem chinesischen Amban in Xining verwaltet. Zu Tibet im ethnischen und kulturellen Sinn gehören auch die tibetisch-sprachigen Gebiete, die heute einen Teil Indiens und Nepals bilden, sowie das unabhängige Königreich Bhutan. Im Laufe des letzten Jahrtausends standen sie häufig unter dem politischen Einfluß Zentral- und Westtibets.

Die tibetische Hochebene ist auf drei Seiten von hohen Gebirgsketten umgeben, im Süden vom Himalaya, im Norden vom

Kunlun-Gebirge und im Westen vom Karakorum, der sich in den Bergketten des Transhimalaya im Norden des Tsangpo fortsetzt. Auch im Osten sind die Gebirge noch über 6000 Meter hoch und bilden eine natürliche Barriere. Menschen besiedeln diesen Raum bis zu einer Höhe von ungefähr 5300 Metern. Der riesige Raum, der das ethnische und kulturelle Tibet umfaßt, ist durch große ökologische Vielfalt gekennzeichnet. Zentral- und Westtibet, auf einer durchschnittlichen Höhe über 4000 Meter gelegen, haben ein trockenes Klima. Diese Regionen werden einerseits durch fruchtbare Täler entlang des Tsangpo und seiner Nebenflüsse, des Nyangchu und des Yarlungchu, andererseits durch den Changthang, die große «nördliche Ebene», geprägt. Dieses Gebiet ist bis heute äußerst dünn von nomadischen Viehzüchtern besiedelt. Die Schneegrenze liegt in West- und Zentraltibet oberhalb von 6000 Metern. In Südost- und Osttibet, das im Durchschnitt auf einer Höhe von 3000 Metern liegt, ist das Klima hingegen feuchtwarm. Durch Monsunregen fallen große Mengen an Niederschlag, so daß Kham sehr waldreich ist, während sich im Nordosten große Weidegebiete auf 4000 Meter Höhe erstrecken. Gerste ist das am meisten angebaute Getreide, aber Weizen wird ebenfalls geerntet, und in den niedriger gelegenen Gebieten Ost- und Südtibets gedeihen verschiedene Obstsorten. Auch in der Umgebung von Lhasa werden Obstbäume wie Aprikosen-, Pfirsich- und Apfelbäume kultiviert. Während die Flora nur in den niedriger gelegenen Gebieten Tibets variationsreicher ist, weist die Fauna einige seltene Tierarten auf wie z. B. den Schneeleoparden. Der domestizierte Yak ist wahrscheinlich das Tier, das in der europäischen Vorstellung zu Recht am häufigsten mit Tibet verbunden wird. Er ist nicht nur unentbehrlich als Lasttier, sondern liefert auch Nahrung in Form von Fleisch und Milch (der Yak-Kühe, *Drimo*), und sogar sein Dung wird als Brennstoff verwendet. Der *Dzo*, eine Kreuzung aus Yak und Rind, ist ebenfalls ein wichtiges Haustier. In Westtibet werden Ziegen, im Nordosten Schafe gehalten, und kleine, wendige Pferde dienten früher in ganz Tibet als Reittiere.

Archäologische Grabungen haben eine Besiedlung des tibetischen Raums schon für das Paläolithikum nachgewiesen. Überreste neolithischer Siedlungen haben Keramikfunde, Gräber und Höhlenmalereien zutage gefördert. Unbekannt ist jedoch, welche Völker in jener fernen Zeit Tibet bevölkerten. Die ersten Hinweise auf Völker, die später mit den Tibetern identifiziert wurden, finden sich in den viertausend Jahre alten Orakelknochen-Inschriften aus China, die von einem Volk der Qiang sprechen. Ihre Nachfolger tauchen in späteren chinesischen Texten auf und werden als Nicht-Chinesen charakterisiert, die eine andere Sprache sprechen und sich anders kleiden. Diese Qiang siedelten anscheinend im heutigen Osttibet und etablierten sich während der Han-Dynastie als gefürchtete militärische Macht am Rand der Seidenstraße. Ob die heutigen osttibetischen Nomaden, die *Drogpa,* die Nachfahren der Qiang sind, ist jedoch nicht erwiesen. Genauso wenig wissen wir über die ethnischen Ursprünge der Tibeter zur Zeit des ersten historisch faßbaren Herrschers, Namri Löntsen, der der *Alttibetischen Chronik* zufolge aus dem Süden Tibets stammte und Zentraltibet eroberte. Wir können jedoch von einer relativ großen ethnischen Vielfalt ausgehen, denn schon für die Zeit des tibetischen Großreichs (7.–9. Jahrhundert) sind Kontakte mit turk-mongolischen Völkern wie den Sumpa oder den Tuyu-hun belegt, aber auch mit indo-skythischen Stämmen.

Tibeter haben nicht nur eine gemeinsame, wiewohl regional unterschiedlich akzentuierte, kulturelle Identität, sondern besitzen auch eine gemeinsame Sprache. Das Tibetische gehört zur tibeto-birmanischen Sprachfamilie. Obwohl die tibetische Schriftsprache im 7. Jahrhundert kodifiziert wurde und seither in Grammatik und Orthographie fast unverändert geblieben ist, lassen sich verschiedene Sprachformen voneinander unterscheiden, die grob in drei Gruppen eingeteilt werden können: die alttibetische Sprache (7.–11. Jahrhundert), die klassische literarische Sprache (12.–19. Jahr-

Bauernhöfe im Osten von Kham. Osttibet mit seinen ausgedehnten Wäldern und fruchtbaren Tälern entspricht gar nicht dem Klischee von Tibet als Land endloser karger Hochflächen.

hundert) und die moderne literarische Sprache. Der Schriftsprache steht eine Vielzahl von tibetischen Dialekten gegenüber, die sich alle aus dem Alttibetischen entwickelt haben, aber inzwischen teilweise als eigene Sprachen bezeichnet werden können. Als *lingua franca* zwischen den einzelnen Regionen hat sich das «Standard»-Tibetische (*spyi-skad*) auf der Grundlage des zentraltibetischen Dialekts entwickelt. Generell können sich die Sprecher zentraltibetischer Dialekte untereinander ohne größere Schwierigkeiten verständigen, eine Verständigung mit Sprechern einiger anderer Regionen ist jedoch ohne Rückgriff auf das Standard-Tibetische nicht möglich. Die Dialekte von Ladakh und Baltistan (im heutigen Pakistan) im Süden und von Amdo und Kham im Osten weichen vom Zentraltibetischen am stärksten ab.

Obwohl wir schon bei den europäischen Asien-Reisenden des Mittelalters Nachrichten über Tibet finden, haben weder Marco Polo noch der Franziskanermönch Odorico de Pordenone Tibet je betreten und gaben lediglich Gehörtes wieder. Die europäische Erforschung Tibets begann erst mit dem portugiesischen Jesuiten António de Andrade, der im Jahr 1624 von Indien aus nach Tsaparang, der Hauptstadt des westtibetischen Reichs von Guge, reiste und einen Bericht verfaßte, der unter dem Titel *Neue Entdeckung des Großen Cathay oder des Königsreiches Tibet* 1626 in Lissabon publiziert wurde und im Europa des 17. Jahrhunderts zu einem Bestseller avancierte, der in kürzester Zeit in mehrere Sprachen übersetzt wurde. Die Neugier auf das Land hinter dem Himalaya wurde von missionarischem Eifer angetrieben, da man meinte, in den entlegenen Gegenden Asiens christliche Gemeinden vorzufinden, die dort seit Jahrhunderten leben sollten. Der Mythos eines christlichen Tibet speiste sich zum Teil aus der mittelalterlichen Legende vom Priesterkönig Johannes, der irgendwo in Asien sein Reich haben sollte. Diese Vorstellung hatte auch Auswirkungen auf die Wahrnehmung der tibetischen Religion, denn der tibetische Buddhismus wurde als eine degenerierte Form des Katholizismus interpretiert.

Schon de Andrade hörte in Tsaparang von dem Reich von Ü Tsang mit seiner Hauptstadt Lhasa, aber erst 1661 erreichten die ersten Europäer Zentraltibet. Die Missionare Johann Grueber und Albert d'Orville, beide in China tätig, nahmen auf ihrer Rückreise nach Europa den Landweg über Tibet und erreichten am 8. Oktober 1661 Lhasa, wo sie zwei Monate blieben. 1677 veröffentlichte Athanasius Kircher ihre Notizen und vor allem die Zeichnungen, die sie angefertigt hatten.

Unter den katholischen Missionaren, die in der ersten Hälfte des 18. Jahrhunderts nach Tibet entsandt wurden, eignete sich der italienische Jesuit Ippolito Desideri (1684–1733) eine umfassende Kenntnis des tibetischen Buddhismus an. Seine *Relazione e Notizie istoriche del Thibet e Memorie de' viaggi e missioni ivi fatte*, verfaßt in den Jahren 1712–1733, sind eine wichtige Quelle zur Kenntnis Tibets im 18. Jahrhundert. Das Werk wurde allerdings erst im Jahr 1875 wiederentdeckt und das erste Mal publiziert.

Ein Kompendium des im 18. Jahrhundert vorhandenen Wissens über Tibet bot das 1763 in Rom publizierte *Alphabetum Tibetanum* des Augustinermönchs Antonius Georgius. Solche Kompendien wurden in der 2. Hälfte des 18. Jahrhunderts vom päpstlichen Missionsinstitut in Rom erstellt, um asiatische Sprachen systematisch zu beschreiben. Der Darstellung der tibetischen Sprache und Schrift wurde zusätzlich ein umfassender Bericht zur Geschichte und Religion beigefügt.

Im späten 18. Jahrhundert wurden die Missionare von Gesandten der englischen Kolonialmacht abgelöst, die in Tibet neue Märkte für die East India Company erschließen sollten. 1774 entsandte der Generalgouverneur von Indien, Warren Hastings, eine Mission nach Westtibet, um die Möglichkeit anglo-tibetischer Handelsbeziehungen auszuloten. Da der Dalai Lama erst 15 Jahre alt war und so die politische wie geistliche Macht in den Händen des 3. Panchen Lamas lagen, reiste der Schotte George Bogle nach Tashilhunpo, dem Kloster des Panchen Lamas. Bogle erreichte zwar seine politischen Ziele nicht, begann jedoch, sich für Tibet und die Tibeter zu interessieren, wurde ein Freund des Panchen Lamas und heiratete eine Tibeterin. Die Nachfahren aus dieser schottisch-tibetischen Ehe leben heute noch in Schottland. Der Bericht, den er über seinen Aufenthalt in Tashilhunpo verfaßte, wurde erst ein Jahrhundert später, 1876, veröffentlicht. Der Bericht von Captain Samuel Turner hingegen, der, ebenfalls im Auftrag von Warren Hastings, die zweite Gesandtschaft nach Tashilhunpo anführte, wurde bereits im Jahr 1800 publiziert und diente mehr als ein Jahrhundert lang als Referenzwerk für die Geschichte der politischen Beziehungen zwischen Tashilhunpo, der Zentralregierung in Lhasa, und dem Qing-Reich.

Der Beginn der wissenschaftlichen Erforschung Tibets ist mit dem Namen des Ungarn Alexander Csoma de Kőrös (1784–1842) verbunden, der auf der Suche nach der Urheimat seines Volkes 1819 nach Asien aufbrach, um Beweise für die Abstammung der Ungarn aus Zentralasien zu finden. Es verschlug ihn an die Südwestgrenze zu Tibet, wo er sich lange Jahre aufhielt und die tibetische Sprache erforschte. Er verfaßte u. a. das erste tibetisch-englische Wörterbuch und die erste tibetische Grammatik.

War Tibet bis zum 18. Jahrhundert Teil der transkontinentalen Handelsrouten, änderte sich dies im Gefolge des Einfalls der nepalesischen Gurkhas nach Tibet. Nach ihrer Vertreibung erließ der Qing-Kaiser Qianlong 1793 ein Edikt, das die Schließung des Landes für Ausländer anordnete. Die Tatsache, daß Tibet gerade zur Zeit der Etablierung der Kolonialmächte in Asien zum «verbotenen Land» wurde, bestärkte England und Rußland in ihrem Bemühen, Einfluß in Tibet zu gewinnen. Die Engländer sandten heimlich indische Agenten nach Tibet, um das Land zu vermessen, die Russen richteten wissenschaftliche Expeditionen aus. Der Erwerb von Wissen bedeutet immer auch Macht, und so kam es nicht von ungefähr, daß der Beginn der intensiven Erforschung asiatischer Sprachen und Kulturen und damit die Begründung der orientalistischen Wissenschaften in die Zeit des Kolonialismus fällt. Die Erforschung Tibets und des tibetischen Buddhismus wurde zum Ausgang des 19. Jahrhunderts wesentlich geprägt von englischen Kolonialbeamten und russischen Ethnographen, die im Dienste ihrer Regierungen möglichst alle Aspekte der tibetischen Kultur erfassen wollten. Namen wie Austine Waddell, der im Dienst der britischen Regierung jahrelang in Darjeeling stationiert war und mit der Younghusband-«Expedition» 1904 nach Lhasa gelangte, oder Sir Charles Bell (1870–1945), der politischer Offizier für Sikkim, Bhutan und Tibet war und dem wir eine aufschlußreiche Biographie über den 13. Dalai Lama verdanken, haben die beginnende Tibetforschung entscheidend geprägt. Sogar einer der größten Tibetologen des 20. Jahrhunderts, der kürzlich verstorbene Hugh Richardson, begann seine Karriere als Tibetforscher während seiner Zeit als Vorsteher der britischen Mission in Lhasa 1936 bis 1940.

Während es nur wenigen Orientalisten, die sich um die Übersetzung und Erschließung tibetischer, vornehmlich buddhistischer Literatur, verdient machten, im 19. und in der ersten Hälfte des 20. Jahrhunderts vergönnt war, Tibeter selbst kennenzulernen, änderte sich dies schlagartig mit der chinesischen Besetzung des Landes. Die Flucht des 14. Dalai Lamas und vieler tausender seiner Landsleute ermöglichte den meisten Tibetforschern das erste Mal den Kontakt mit Menschen der Kultur und Sprache, die sie studierten. Der Aufschwung der Tibetologie verdankt sich zum Teil dem tragischen Schicksal Tibets im 20. Jahrhundert. Während Tibetologie noch vor wenigen Jahrzehnten vornehmlich die philologische Erforschung tibetisch-buddhistischer Texte bedeutete, gewinnen heute neue Forschungsansätze sehr stark an Bedeutung. Seit sogar in der Tibetischen Autonomen Region Feldforschungen durchgeführt werden können, bildet die sozialanthropologische Feldforschung einen immer wichtigeren Aspekt der modernen Tibetologie. Unser Wissen über das Land und seine Bewohner hat sich daher in den letzten Jahrzehnten explosionsartig vermehrt, gleichzeitig aber sind auch viele traditionelle Aspekte der tibetischen Kultur durch die unaufhaltsame Modernisierung wohl für immer verlorengegangen.

Mythos Tibet

Schon in der Antike boten die Länder hinter Indien Stoff für Mythen und Legenden. So überliefert Herodot im dritten Buch seiner Historien, das den «äußersten Ländern der Erde» gewidmet ist, die Sage von den goldgrabenden Ameisen, deren Gold von Völkern im Norden Indiens geborgen wird. Wahrscheinlich sind diese Völker mit den Darden und nicht mit Tibet identisch. Die Geschichte wird jedoch auch in tibetischen Chroniken erwähnt. Zum mythischen Land wurde Tibet erst im Zeitalter der Aufklärung, in einer Zeit also, in der Europa schon erste Kenntnisse über das Land durch den Bericht von de Andrade hatte. Damals bildeten sich zwei Vorstellungen über Tibet heraus: Zum einen wurde die tibetische Religion als die «andere» Seite der aufklärerischen Vernunft angesehen. Der tibetische Buddhismus wurde mit dem den Aufklärern verhaßten Katholizismus gleichgesetzt, als «Priesterreligion», die «so deutlich schlecht ist, daß es Zeitverschwendung wäre, dies auch noch zu beweisen» (Rousseau). Als «Lamaismus» wurde der tibetische Buddhismus zum Prototyp eines völlig degenerierten Buddhismus, der weit entfernt von der reinen, rationalen Lehre des Buddha war. Zum anderen aber setzte hier schon eine positive Mystifizierung des Landes als Ursprungsort aller Religion ein. In der Romantik floß dieses Bild von Tibet in die Vorstellung eines «mystischen, spirituellen Ostens» ein, der dem «materialistischen und rationalen Westen» die fehlende Weisheit und Spiritualität bringen könne. Dieses Bild hat entscheidend zu unserer modernen Wahrnehmung von Tibet beigetragen. In der europäischen Imagination wurde Tibet zu einem seit Urzeiten unveränderten Land, jeglicher Zeit und Geschichte enthoben, das sich den Schlüssel zu den mystischen Lehren der Menschheit bewahrt hat. Diese Wahrnehmung wurde von der Theosophie bestärkt, die im 19. und in der ersten Hälfte des 20. Jahrhunderts unter Intellektuellen in Europa und Amerika großen Einfluß hatte. Tibet galt den Theosophen als sagenhaftes, spirituelles Zentrum der Welt, von dem aus die Geschicke der Menschheit gelenkt werden. Da zu jener Zeit nur wenige das Land bereisten, konnten sich solche Mythen hartnäckig halten.

Erstaunlich ist jedoch, daß nach der Flucht des Dalai Lamas und tausender Tibeterinnen und Tibeter ins indische Exil keine Entmythisierung einsetzte, sondern die Tibeter in ihrer Gesamtheit zu einem völlig vergeistigten, nur der Religion hingegebenen Volk, das jedweder materiellen Neigung völlig abhold ist, stilisiert wurden. Diese Wahrnehmung hat sich erstaunlich konstant bis in die neunziger Jahre des 20. Jahrhunderts auch unter Wissenschaftlern gehalten. Noch 1996 schwärmte der bekannte amerikanische

Tibetologe Robert Thurman, der an der Columbia-University in New York lehrt, von der «lebendige(n) Einheit von Weisheit und Mitgefühl» und der «selbstlosen Hingabe», die «das Wesen des tibetischen Lebensgefühls» ausmache.[1]

Erst in den letzten Jahren hat das Bild Tibets als «Shangri-La», als irdisches Paradies, feine Risse bekommen. 1978 stellte der palästinensisch-amerikanische Literaturwissenschaftler Edward Said die These auf, daß das europäische, nach-aufklärerische Bild des «Orients» nicht einer tatsächlichen sozialen Realität entspreche, sondern in der Imagination der Europäer als Gegenbild zum europäischen Selbstbild erschaffen worden sei. Die «Orientalismus»-Debatte, die in den Orientwissenschaften eine Krise ihres Selbstverständnisses ausgelöst hatte, wurde lange Zeit in der Tibetologie ignoriert. Erst 1995 erschien die erste Buchpublikation zur Buddhismusrezeption im Kolonialismus, und in den Jahren danach begann eine intensive Aufarbeitung der abendländischen Tibet-Wahrnehmung.

Inzwischen sind auch deutschsprachige Bücher erschienen, die sich zwar eine gründliche Entzauberung des «Mythos Tibet» vorgenommen haben, aber nun einen weiteren, diesmal negativen Mythos kreieren. Die tibetisch-buddhistische Geistlichkeit unter ihrem «Anführer», dem Dalai Lama, wird als eine finstere Macht dargestellt, die sich die Erlangung der Weltherrschaft zum Ziel gesetzt habe. Der Vorwurf greift auf einen weiteren Rezeptionsstrang des «mystischen Asien» zurück, der keineswegs neu ist. Während des Dritten Reichs wurde der «Lamaismus» von NS-Ideologen als «Zerfallserscheinung nordischen Rassengeistes» angesehen, der zusammen mit den jüdischen Freimaurern und dem römischen Papsttum die Völker Europas bedrohe.

Die Exiltibeter haben sich den positiven Mythos ihrer selbst größtenteils zu eigen gemacht. In seiner Autobiographie behauptet der Dalai Lama, daß die Tibeter früher ein kriegerisches und aggressives Volk gewesen seien. Aufgrund ihrer Bekehrung zum Buddhismus «änderten sich aber die Beziehungen zu den Nachbarländern und nahmen einen spirituellen Charakter an».[2] Der tibetische Historiker Jamyang Norbu hält daher der tibetischen Exilregierung vor, daß sie «die Propagierung eines Bildes von Tibet vor 1959 als Land des Friedens, der Harmonie und der Spiritualität» als eine ihrer zentralen Aufgaben betrachte[3] und selbst in politischen Entscheidungen dem Diktat des Mythos unterworfen sei. Damit verliert der Mythos Tibet seine politische Unschuld, und das hartnäckige Festhalten an einem mythischen Tibetbild verwehrt den Tibetern die Option, ihre eigene Geschichte als handelnde Akteure neu zu definieren und zu gestalten.

1. Das tibetische Großreich
(7.–9. Jahrhundert)

Europäische Geschichtsepochen und tibetische Geschichte

Die europäische Epocheneinteilung in Antike, Mittelalter und Neuzeit ist in der modernen Geschichtswissenschaft universalisiert und auf andere Kulturen übertragen worden. Die prinzipielle Möglichkeit einer solchen Übertragung, ihre methodische Fundierung und theoretische Begründung sind jedoch erst in den letzten Jahren in Frage gestellt worden. Epocheneinteilungen erwachsen stets aus einem bestimmten historischen Kontext, an den sie zurückgebunden sind, und sie beruhen auf kulturspezifischen Sinnkriterien. Eine Übertragung auf andere Kulturen ist deshalb methodisch und theoretisch fragwürdig. Da eine interkulturell vergleichende Geschichtswissenschaft noch in den Kinderschuhen steckt, ist an dieser Stelle zu fragen, nach welchen Kriterien in der tibetischen Geschichtsschreibung historische Epocheneinteilungen vorgenommen worden sind.

Während sich die frühesten tibetischen geschichtlichen Quellen, die alttibetischen Annalen, die in der im 10. Jahrhundert eingemauerten Bibliothek von Dunhuang an der Seidenstraße zu Beginn des 20. Jahrhunderts entdeckt wurden, durch das weitgehende Fehlen narrativer Elemente auszeichnen, steht in späteren Geschichtswerken nach dem 11. Jahrhundert gerade das erzählende Element im Vordergrund. Im Zentrum der tibetischen Geschichtsschreibung steht die Meistererzählung von Tibet als dem Land, in dem die Lehre des Buddha in seiner Reinheit bewahrt wird. Diese Sinndeutung der tibetischen Geschichte ist Grundlage und Ausdruck tibetisch-buddhistischer Selbstwahrnehmung. Vergangenheit wird in Tibet eingeteilt in drei Zeitepochen: die «frühe Verbreitung» des Buddhismus, die «dunkle» Zeit, die durch die Absenz der buddhistischen Lehre gekennzeichnet ist, und die «spätere Verbreitung» des Buddhismus. Die Zeit der «frühen Verbreitung» wird mit der tibetischen Großreichszeit (7.–9. Jahrhundert) identifiziert. An sie schließt sich die «dunkle» Zeit an, die von dem tibetischen Gelehrten Butön (1290–1364) auf genau 70 Jahre festgelegt wird.[4] Der «dunklen» Zeit folgt die «spätere Verbreitung» der buddhistischen Lehre. Obwohl die «spätere Verbreitung» des Buddhismus im 13. Jahrhundert abgeschlossen war, wird in der tibetischen Geschichtsschreibung das Ende dieser Periode nicht bestimmt. Genaugenommen dauert die «spätere Verbreitung» immer noch an, sie umschließt somit auch die Gegenwart.

In dieser Zeiteinteilung wird Geschichte als Universalgeschichte geschrieben, indem die tibetische, religiös fundierte Weltordnung als ordnende Struktur der Gesamtheit der Welt vorgestellt wird. In ihrem Wahrheitsanspruch tritt die tibetische Geschichtsschreibung damit gleichberechtigt neben andere Geschichtsschreibungen, die ihre partikulare Sichtweise universalisieren.

Im folgenden wird auf die tibetische Periodisierung immer wieder Bezug genommen, da eine Darstellung der tibetischen Geschichte auch die Darstellung der tibetischen Selbstwahrnehmung umfassen muß.

Die Entstehung der Yarlung-Dynastie

Unser Wissen über Zentraltibet vor der Formierung der Yarlung-Dynastie ist äußerst gering, da wir außer mythischen Erzählungen keine Quellen für diese Zeit besitzen. Wir können jedoch aus den späteren politischen Entwicklungen schließen, daß es im frühen Zentraltibet keine politische Zentralgewalt gab. Die politische Organisation bestand wahrscheinlich aus kleinen Gruppen, die ein genau abgegrenztes Gebiet bewohnten, das in seinem Zentrum einen landschaftlich auffälligen Mittelpunkt besaß, gewöhnlich einen Berg. Allmählich wurden die kleinen politischen Gemeinschaften zu größeren Einheiten zusammengefaßt, beherrscht von charismatischen und mächtigen Anführern. Die *Alttibetische Chronik* (MS Pelliot tibétain 1287) berichtet von einem Fürsten namens Tagbu Nyasig, der seine Burg Tagtse, «Tiger-Spitze», in Chonggye, einem schmalen Seitental des Yarlung-Flusses im fruchtbaren Süden Zentraltibets, hatte und Kontakte zu den Anführern weiter entfernter Klans unterhielt. Diese wiederum waren die Vasallen des mächtigen Fürsten Gudri Singpoje, der der Ligmyi-Dynastie der westtibetischen Zhangzhung-Konföderation, die zu der Zeit über einen großen Teil Tibets herrschte, botmäßig war. Die Klanfürsten, die in den alttibetischen Dokumenten als «Minister» (*blon*) bezeichnet werden, lehnten sich gegen Singpoje auf und schlossen eine Allianz mit Tagbu Nyasig, der allerdings kurz darauf starb. Sein Sohn, Namri Löntsen, trat sein Erbe an und nahm den Klanfürsten einen Eid ab, der sie im Leben und im Tod an ihn, der nun «Herrscher» (*btsan-po*) genannt wurde, band. Chinesische Quellen berichten, daß zu jener Zeit die durch einen Eid bekräftigte Allianz beim Tod des Herrschers durch den rituellen Tod seiner Minister, die ihn «begleiteten», bestätigt wurde.

Namri Löntsen gelang es mit Hilfe eines Ministers nicht nur, Gudri Singpoje zu unterwerfen, sondern auch seine Herrschaft über ganz Zentraltibet und anschließend über den Rest des tibetischen Plateaus auszudehnen und zu konsolidieren. Der neu entstandene Machtbereich des tibetischen Herrschers erstreckte sich im Osten fast bis nach China. Im Nordosten, am «Blauen See» (Kökenor), trafen die Tibeter auf ein anderes mächtiges nomadisches Imperium, das der turk-mongolischen Tuyu-hun.

Der erste diplomatische Kontakt zwischen China und Tibet fand chinesischen Quellen zufolge in den Jahren 608 und 609 statt, als der tibetische Herrscher zweimal eine Gesandtschaft an den chinesischen Hof schickte, um Tribut zu leisten. Diese Aussage muß jedoch mit Vorsicht aufgenommen werden, da die chinesi-

Das Yarlung-Tal, die Wiege der tibetischen Zivilisation. Hier gründete der Tradition nach der tibetische Herrscher Songtsen Gampo den ersten buddhistischen Tempel.

sche Geschichtsschreibung die Beziehungen zu anderen Völkern stets unter dem Aspekt der Tributabgabe darstellte. Von tibetischer Seite könnte auch der Zugang zu chinesischen Handelsmärkten die Motivation für diese erste Gesandtschaft gewesen sein.

Der Herrscher und der Berggott: Göttliche Ursprünge

In der tibetischen Geschichtsschreibung gilt Namri Löntsen nicht als erster historischer Herrscher, sondern er steht am Ende einer langen mythischen Genealogie. In den alttibetischen Inschriften werden die Herrscher und ihre Minister mit schmückenden Titeln wie «Sohn der Götter» (*lha-sras*) oder «König des weiten Himmels» (*gnam-lhab-kyi-rgyal-po*) versehen, die auf ihren göttlichen Ursprung verweisen und ihren politischen Herrschaftsanspruch fundieren. Der Ursprungsmythos der Yarlung-Dynastie, der in der inschriftlichen Aussage: «Als die göttlichen Herrscher, die Ahnherren, als Herren über Götter und Menschen kamen...»[5] seinen Niederschlag gefunden hat, wird in der späteren tibetischen Geschichtsschreibung vertieft. Der erste tibetische Herrscher, Nyatri Tsenpo, stieg dem Mythos zufolge von dem Berg Yarlha Shampo hinab in das Tal von Yarlung, wo er von einigen nomadischen Viehzüchtern gefragt wurde, woher er gekommen sei. Als er auf den Berg deutete, «wußten sie, daß er ein göttlicher Sohn, vom Himmel herabgestiegen, war»,[6] und erhoben ihn zu ihrem Herrscher. Der mythische Bericht zeigt die enge Verbindung zwischen dem autochthonen religiösen Kult des Berges, dem Kult der Territorialgottheiten und der tibetischen Herrscherdynastie. In Tibet werden die Berge heute noch als die Verkörperungen des *Yülha* vorgestellt, der «Gottheit des Territoriums», die oft mit dem *Pholha* identisch ist, der «männlichen Gottheit» des mächtigsten Klans der auf diesem Territorium siedelnden Gruppe. Der Berggott hat eine Familienbeziehung mit der Gruppe und wird als ihr Klan-Oberhaupt betrachtet. Der vielleicht heiligste Berg in der tibetischen Königszeit und zugleich *Yülha* der Yarlung-Dynastie war der Yarlha Shampo. Der Herrscher wurde mit ihm identifiziert und handelte auf einer symbolisch-religiösen Ebene als das Klan-Oberhaupt für ganz Zentraltibet. Im Rekurs auf diese verräumlichte religiöse Vorstellung wurde das erste Mal eine zentrale politische Autorität etabliert.

Nyatri Tsenpo, der erste mythische Herrscher, hatte dem Mythos zufolge sieben Nachkommen, die ebenfalls göttlichen Charakter besaßen. Tagsüber lebten sie auf der Erde, nachts kehrten sie in ihre himmlische Heimat zurück, wenn sie «starben», endgültig. Die ersten Könige hatten daher keine irdische Begräbnisstätte, sondern waren mittels eines Seils (*dmu*) mit dem Himmel verbunden. Der Sohn des letzten dieser himmlischen Könige durchtrennte durch ein Mißgeschick das Seil. Er war der erste der tibetischen Herrscher, dem ein irdischer Begräbnisplatz im Chonggye-Tal gegeben wurde. Seit jener Zeit war die Verbindung zum Himmel abgebrochen, und die tibetischen Herrscher wurden in eigens errichteten Grabhügeln beigesetzt. Die Begräbnisrituale wurden von religiösen Spezialisten, den *Shen* und *Bönpo* aus dem Reich von Zhangzhung, durchgeführt, die zur religiösen Tradition während der Zeit des Großreichs gehörten.

Die Liste der mythischen Herrscher Tibets ist wesentlich länger als die oben erwähnten sieben Nachkommen des Nyatri Tsenpo. In der Chronik «Freudenfest der Gelehrten» aus dem Jahr 1565 werden insgesamt 27 Könige vor der Regierung des Lhatho Thori Nyentsen erwähnt, während dessen Herrschaft buddhistische Reliquien vom Himmel auf das Dach seines Palastes fielen. Diese Legende deutet vielleicht auf frühe erste Kontakte mit dem Buddhismus hin. Es ist nicht auszuschließen, daß die Tibeter schon im 5. Jahrhundert oder noch früher in Kontakt mit buddhistischen Mönchen kamen, da der Buddhismus zu jener Zeit in den umliegenden Ländern weit verbreitet war.

Songtsen Gampo, der erste historische Herrscher

Obwohl schon Namri Löntsen in den chinesischen Annalen erwähnt wird, betreten wir erst mit Songtsen Gampo sicheren historischen Boden. Über seine Regierungszeit besitzen wir eine ganze Reihe unterschiedlicher historischer Quellen, wie z. B. die Texte aus Dunhuang, tibetische Inschriften und Edikte, die teilweise von späteren Geschichtsschreibern wörtlich überliefert wurden, und auch Berichte von islamischen und chinesischen Historikern. Die letztgenannten Zeugnisse verdeutlichen einmal mehr, daß Tibet nicht als ein vom Rest der damaligen Welt isoliertes Land betrachtet werden darf, sondern daß es in der Geschichte Zentral- und Westasiens im ersten Jahrtausend unserer Zeitrechnung eine wichtige und aktive Rolle gespielt hat.

Nach der Ermordung Namri Löntsens, wahrscheinlich im Jahr 618, übernahm sein Sohn Songtsen Gampo die Macht. Der Vater muß noch vor dem 13. Lebensjahr des Songtsen Gampo gestorben sein, denn die Yarlung-Herrscher traten von der Herrschaft zurück, wenn ihre Söhne 13 Jahre alt waren. Ob diese frühe Erbfolge den rituellen Tod des abdankenden Herrschers mit sich brachte oder ob sich dieser lediglich aus den Regierungsgeschäften zurückzog, ist nicht geklärt. Unter der Herrschaft von Songtsen Gampo stieg Tibet zu einem Imperium in Zentralasien auf, das dem chinesischen Reich an territorialer Ausdehnung und Macht ebenbürtig war. Der junge Herrscher schlug die Rebellion, die nach dem Tod seines Vaters ausbrach, sofort nieder und begann die systematische Konsolidierung des Reichs auf dem tibetischen Plateau durch die militärische Niederschlagung von Aufständen sowie durch Heiratsallianzen. So verheiratete er seine Schwester mit dem Herrscher von Zhangzhung, was diesem sein frühes Ende einbrachte: Der *Alttibetischen Chronik* zufolge lockte sie ihren arglosen Ehemann in einen Hinterhalt, der ihn das Leben kostete und seiner Armee eine vernichtende Niederlage einbrachte. Die Macht des Reichs von Zhangzhung war damit gebrochen, und die Yarlung-Dynastie unter Songtsen Gampo etablierte sich als die alleinige Macht in Zentraltibet.

Späteren Quellen zufolge errichtete Songtsen Gampo das Zentrum seines Reichs in Rasa, dem heutigen Lhasa. In den tibetischen Annalen wird dieser Ortsname jedoch erst für 710 erwähnt, als der Herrscher Tride Tsugtsen seine Braut, die chinesische Prinzessin Jincheng, im «Hirsch-Hain von Rasa» empfing. Eine feste Siedlung bestand zu jener Zeit wahrscheinlich nicht. Der königliche «Hof» war beweglich: Der Herrscher wechselte zwischen Sommer- und Winterresidenz. Im Tal von Lhasa traf er sich einige Male mit seinen Ministern und hielt dort Gericht, aber von einer festen Residenz wird nicht berichtet. Obwohl wir imposante Beispiele für militärische Festungen aus dem 7. und 8. Jahrhundert kennen, ist immer auch die Rede von dem Palastzelt des Herrschers, in dem er Empfänge für chinesische Gesandte wie auch für seine Minister gab. Wir können für diese frühe Zeit in Tibet wohl von einem Nebeneinander von wenigen festen Häusern und beweglichen Zelten ausgehen.

Im Jahr 635 schickte Songtsen Gampo eine Gesandtschaft nach China, die dem chinesischen Kaiser Taizong eine Heiratsallianz zwischen Tibet und China vorschlug. Der Kaiser lehnte ab, woraufhin Songtsen Gampo mit militärischem Druck antwortete. 637/38 griffen die tibetischen Truppen die im Jahr 635 endgültig von China unterworfenen Tuyu-hun in der Region des Kökonor an und besiegten sie, danach unterwarfen sie die Tangut und die Sumpa im Grenzgebiet zu China. Anschließend überfiel und plünderte Songtsen Gampo die chinesische Grenzstadt Sung-chou und machte seinen Entschluß bekannt, nach China einzufallen, sollte ihm sein Wunsch nach einer chinesischen Gattin nicht gewährt werden. Nach Verhandlungen mit dem tibetischen Minister Gar Tongtsen stimmte der chinesische Herrscher schließlich zu, die Prinzessin Wencheng als Braut nach Tibet zu entsenden. Am 2. März 641 verließ diese ihr Heimatland und machte sich auf den Weg nach Tibet, wo sie noch im gleichen Jahr eintraf. Sie war jedoch nicht für Songtsen Gampo bestimmt, sondern für seinen Sohn Gungsong Gungtsen, der im Alter von 13 Jahren 641 seinen Vater auf dem Thron ablöste. Gungsong starb nur fünf Jahre später, und erst nach seinem Tod wurde Wencheng die Frau des Songtsen Gampo. Der Frieden zwischen China und Tibet hielt bis zum Tod des Taizong-Kaisers und Songtsen Gampos im Jahr 649 an.

Songtsen Gampo ehelichte der tibetischen Überlieferung zufolge auch eine nepalesische Prinzessin. Obwohl diese Heiratsallianz historisch nicht belegt ist, erscheint sie doch plausibel, da Nepal dem erstarkenden tibetischen Reich zu jener Zeit tributpflichtig war.

In späteren buddhistischen Chroniken wird die Einführung des Buddhismus in Tibet auf die beiden Frauen des Herrschers zurückgeführt, die fromme Buddhistinnen gewesen sein sollen. Der Legende nach brachte die chinesische Prinzessin als Brautgabe eine Statue des jugendlichen Buddha mit, den berühmten *Jowo* («Herr»). Der Tempel *Jokhang* («Haus des Herrn») wurde erbaut, um die Statue zu beherbergen. Er ist heute noch der heiligste Tem-

Der Eingang zum Jokhang-Tempel in Lhasa, einem der ältesten Tempel Tibets und spirituelles Herz des buddhistischen Tibet. Die Aufnahme stammt aus dem Jahr 1936. Die Straßenlaterne links im Bild bezeugt die in den dreißiger Jahren des 20. Jahrhunderts beginnende Modernisierung des Stadtbilds.

pel Tibets und Pilgerziel für Menschen aus dem gesamten tibeto-mongolischen buddhistischen Raum.

Die nepalesische Prinzessin brachte ebenfalls eine Statue des Buddha nach Lhasa, für die der *Ramoche*-Tempel errichtet wurde. Beide Tempel sind berühmt als die «zwei *Jowo* von Lhasa» (*lha-sa-jo-bo-gnyis*), die die «Lebensachse» (*srog-shing*), das spirituelle Zentrum Tibets bilden. In der tibetischen historiographischen Tradition werden Songtsen Gampo und seine beiden Gemahlinnen als Inkarnationen des Bodhisattvas Avalokiteshvara, der grünen Tārā sowie der buddhistischen Göttin Bhrkutī angesehen.

Songtsen Gampo setzte eine kulturelle Revolution in Gang, die den Weg zur buddhistischen Konversion Tibets ebnete. Der Legende nach entsandte er seinen Minister Thönmi Sambhota nach Indien mit dem Auftrag, eine Schrift für die tibetische Sprache zu entwerfen. Die tibetische Schrift ist tatsächlich aus einer

Variante der damals in Indien gebräuchlichen Gupta-Schrift entwickelt worden. Songtsen Gampos Regierungszeit markiert damit den Übergang von der Nichtschriftlichkeit zur Schriftlichkeit in Tibet. Die königliche Chronik *Bashe*, die im 10. Jahrhundert verfaßt wurde, spiegelt schon den späteren buddhistischen Blick: Ihr zufolge wurde die Schrift vor allem zur Verbreitung des Buddhismus eingeführt, eine Behauptung, die in den Dunhuang-Dokumenten nicht bestätigt wird. Vielmehr scheint die tibetische Schrift anfänglich vor allem zur Niederschrift von Gesetzestexten gebraucht worden zu sein. Während chinesische Quellen das Jahr 648 für den frühesten Gebrauch der Schrift in Tibet angeben, wird in den *Alttibetischen Annalen* die schriftliche Fixierung eines Gesetzeskodex durch den Minister Gar Tongtsen für die Jahre 655–656 erwähnt.

Obwohl Songtsen Gampo sicherlich nicht als Buddhist in dem Sinn bezeichnet werden kann, daß er traditionelle religiöse Vorstellungen und Handlungen zugunsten buddhistischer Konzepte aufgab, förderte er doch die buddhistische Lehre durch Tempelgründungen und Einladungen an indische buddhistische Gelehrte an seinen Hof. Einer der ersten Tempel, die in Zentraltibet errichtet wurden, ist der schon erwähnte *Jokhang*, der auch unter dem Namen *Trülnang* von Rasa, dem alten Namen von Lhasa, bekannt war. Den *Ramoche*-Tempel in Lhasa und den Tempel von *Tradruk* im Yarlung-Tal schreibt die Tradition ebenfalls Songtsen Gampo zu, obwohl die Gründung des Ramoche wahrscheinlich auf die chinesische Braut des Tride Tsugtsen, Jincheng, zurückgeht, die im Jahr 710 in Tibet eintraf. *Tradruk* wird in tibetischen Quellen als älteste Tempelgründung erwähnt.[7]

Spätere buddhistische Chroniken erwähnen neben dem Jokhang insgesamt zwölf weitere Tempel, die von Songtsen Gampo errichtet worden sein sollen. Sie beziehen sich auf einen Mythos, der schon im *Mani Kambum*, einem Werk aus dem 12. Jahrhundert, erzählt wird. Der geographische Raum Tibets wird hier als der ausgestreckte Körper einer Dämonin vorgestellt, die bezwungen werden muß, um Tibet dauerhaft dem Buddhismus zuzuführen. Die einheimischen tibetischen Gottheiten wurden von den buddhistischen Gelehrten, die nach Tibet kamen, um den *Dharma,* die buddhistische Religion, zu lehren, «gezähmt». Die «Zähmung» der lokalen Gottheiten erklärt in mythischer Sprache die rituelle und symbolische Transformation des tibetischen Raums. Tibet wird von einer Wildnis, die sich in den Fängen schrecklicher Dämoninnen und Dämonen befindet, in die Gartenlandschaft eines Buddhafeldes, einer aus dem reinen Geist eines Bodhisattvas oder Buddhas geschaffenen transzendenten Sphäre, transformiert. In der rituellen Symbolik werden die Gliedmaßen der Dämonin, die den gesamten tibetischen Raum repräsentieren, durch die Errichtung von Tempeln auf ihren ausgestreckten Gliedern unschädlich gemacht. Das Herz der Dämonin wird rituell fixiert durch die Errichtung des Jokhang, des zentralen Tempels in Lhasa. Die buddhistische Missionierung Tibets wurde damit nicht in erster Linie auf der diskursiven Ebene, sondern vor allem auf der visuell-räumlichen Ebene vorangetrieben. Der Mythos der Dämonin und ihrer Zähmung war über die Jahrhunderte einer der wichtigsten kollektiven Mythen im tibetischen Kulturraum.

Die Expansion des tibetischen Reichs

649 verlieh der chinesische Kaiser Gaozong dem tibetischen Herrscher den Ehrentitel *baowang,* der in China zum einen ein Epitheton des «Herrschers des Westens», zum anderen aber ein Titel des Buddhas Amitābha ist. Die Identifizierung Songtsen Gampos als Buddha bzw. Bodhisattva wurde damit schon im 7. Jahrhundert in die Wege geleitet.

Songtsen Gampo starb um 649/50 herum, und sein Enkel war noch zu klein, die Regierungsgeschäfte zu übernehmen. Der Minister Tongtsen aus dem mächtigen Gar-Klan wurde für die nächsten beiden Jahrzehnte zum faktischen Herrscher Tibets. 663 nahm er durch militärische Bündnisse mit zentralasiatischen Turkstämmen den Chinesen die Kontrolle über einen großen Teil Ostturkestans ab. Zudem gelang es ihm, die Tuyu-hun, mit denen es schon früher immer wieder zu militärischen Konflikten gekommen war, im Sommer desselben Jahres endgültig zu unterwerfen und das einst mächtige turk-mongolische Reich in das tibetische Reich einzugliedern. Zwischen 665 und 670 nahmen tibetische Truppen Khotan an der südlichen Seidenstraße ein. Im Frühjahr des Jahres 670 begann die militärische Offensive der tibetischen Armee gegen die wenigen Gebiete im westlichen Tarimbecken, die noch unter chinesischer Oberherrschaft standen. Am Fluß Jima gol, südlich des Kökenor, brachte der General Gar Tridring den Chinesen eine vernichtende Niederlage bei. Tibet hatte nun Ostturkestan und damit die wichtigen transkontinentalen Handelsverbindungen an der nördlichen Seidenstraße unter seiner Kontrolle.

Die folgenden Jahrzehnte waren von internen politischen Machtkämpfen in Tibet geprägt. Im Todesjahr des Herrschers Trimanglön, 677, fand eine Rebellion gegen die tibetische Oberherrschaft in Zhangzhung statt, die jedoch schnell niedergeschlagen wurde. Da der Thronerbe, Tridüsong, gerade erst geboren war, lagen die Geschicke des Reichs in den Händen des mächtigen Gar-Klans. In der Geschichte der Yarlung-Dynastie spielen die Mitglieder der mächtigen Adelsgeschlechter der Gar, Myang, Bas, Dro, Bel, Tsepong, Chogro, Chim, Nön, Gö und anderer mehr eine bedeutende Rolle. Oft mit den Herrschern durch Heiratsallianzen verbunden, die sie zu *Zhang*, «Mutter-Brüdern», werden ließen, stellten sie die wichtigsten Minister im tibetischen Reich. Im Prozeß der politischen Zentralisierung, den die Herrscher der Yarlung-Dynastie vorantrieben, spiegelte die Politik der Adelsklane die zentrifugalen Tendenzen in Tibet wider, die die Interessen der lokalen Aristokratie über die Interessen der politischen Zentralgewalt stellten. Die ständige Ausbalancierung der politischen Macht zwischen dem Herrscher und den mächtigen Adelsklanen blieb bestimmend für die gesamte Großreichszeit und, in anderer Konstellation, auch in späteren Jahrhunderten bis in die Moderne.

Tridüsong wurde im Jahr 686 in seinem Amt als *Tsenpo* bestätigt, sicherte sich jedoch erst ab 690 größeren Einfluß auf die

Regierung, als er begann, die Macht der Mitglieder des Gar-Klans zu zerschlagen, die sich im Nordosten Tibets an der chinesischen Grenze eingerichtet hatten. Zu den innenpolitischen Streitigkeiten kam der militärische Druck von seiten Chinas, das versuchte, die Gebiete an der Seidenstraße wiederzuerlangen. Geschwächt durch interne Machtkämpfe und lokale Aufstände gegen die tibetische Dominanz verlor Tibet im Jahr 692 die «vier Garnisonen» Kucha, Kashgar, Yarkand und Khotan und damit den wichtigen Zugang zu den Handelsrouten der Seidenstraße wieder an China. Die Bedeutung des transkontinentalen Handels für die Tibeter läßt sich daran ermessen, daß keine zehn Jahre später eine Allianz von tibetischen und westtürkischen Truppen versuchte, die strategisch wichtige Stadt Tirmidh in Tocharistan am Amu Darja, die die Handelsrouten nach Balkh und in die Sogdiana kontrollierte, einzunehmen.

Das unruhige 8. Jahrhundert

703 kam es in verschiedenen Gebieten des Reichs gleichzeitig zu Unruhen. Während Nepal und die unter tibetischer Oberherrschaft stehenden Gebiete des Himalaya rebellierten, befand sich Tridüsong auf einem Feldzug gegen die Nanzhao in Yunnan. Diese erkannten zwar schließlich die tibetische Souveränität an, aber der Herrscher kam bei dem Feldzug ums Leben. Seine Nachfolge war umstritten, am Ende setzte sich Tride Tsugtsen *alias* Mesagtsom durch. Während seiner Regierungszeit gingen die Tibeter eine kurzlebige Allianz mit den Arabern ein und installierten im Jahr 715 in Ferghana einen Herrscher von ihren Gnaden, der jedoch schon bald von chinesischen Truppen entmachtet wurde. Im Westen Tibets wandten sich die Bruzha in Gilgit den Chinesen zu, obwohl sie durch eine Heiratsallianz ihren Vasallenstatus gegenüber Tibet bestätigt hatten; und auch das Reich von Nanzhao rebellierte gegen die tibetische Herrschaft. Das militärische Engagement Tibets lag in diesen Jahren im westlichen Zentralasien. Es gibt

Hinweise in chinesischen und arabischen Quellen, daß die Tibeter erneut eine Allianz mit den westtürkischen Türgish eingegangen waren,[8] mit deren Hilfe sie ihre Machtposition im Pamir ausbauten. 734 wurde diese Allianz durch die Heirat der tibetischen Prinzessin Drönma mit dem Khan der Türgish besiegelt.

Im Jahr 730 boten die Türgish und die Tibeter China ein Friedensabkommen an, das dieses annahm. Es hielt bis 737, als die tibetischen Truppen durch Gilgit zogen, um sich mit den Türgish zu vereinigen. Um die Vereinigung der beiden Armeen zu vereiteln, fielen chinesische Truppen in Nordosttibet ein und errangen einen Überraschungssieg. Im nächsten Jahrzehnt bauten die Chinesen ihre Machtposition im Tarim-Becken, in der Dzungarei und sogar in den Regionen des Pamir wieder aus, so daß um das Jahr 750 der tibetische Einfluß in Zentralasien auf die westlichen Regionen um Gilgit reduziert war, während die militärische Macht um die Mitte des 8. Jahrhunderts bei China und der arabischen Abbasiden-Dynastie lag. Lediglich das mächtige Reich von Nanzhao unterwarf sich im Jahr 751/52 freiwillig den Tibetern.

Im Zenit der Macht: Das Reich unter Trisong Detsen

755 wurde der tibetische Herrscher Mesagtsom während einer Revolte ermordet, die von zwei mächtigen Ministern am Königshof geleitet wurde. Unter dem neuen Herrscher Trisong Detsen wurde Tibet erneut zu einer gefürchteten militärischen Macht in Zentralasien. Das chinesische Reich war nach der vernichtenden Niederlage im Jahr 751 gegen eine vereinigte türkisch-arabische Streitmacht bei Talas in Kirgistan, die zum arabischen Vorstoß in das Tarim-Becken geführt hatte, geschwächt. 755 revoltierte zudem der türkisch-sogdische Gouverneur An Lushan, zerschlug eine gegen ihn eingesetzte chinesische Armee und drang mit seinen Truppen nach Changan, der Hauptstadt Chinas, vor. Die Chinesen zogen zur Niederschlagung der Revolte ihre Garnisonen in Zentralasien ab. Das Macht-Vakuum wurde sofort von Tibet

gefüllt, das seine Vorherrschaft in Nordosttibet und im nordwestlichen China wieder etablierte. 763 hatten die Tibeter die Region des modernen Gansu eingenommen, und im selben Jahr noch eroberten und plünderten sie Changan. In den nächsten Jahren drangen sie in die Gebiete nördlich und nordwestlich der Hauptstadt vor. 783 wurde ein Friedensabkommen zwischen China und Tibet geschlossen, das jedoch nur einige Jahre hielt. Vier Jahre später hatten die Tibeter Dunhuang und die Region um Hami in Ostturkestan eingenommen. Dort trafen sie auf die Uiguren, mit denen sie in den nächsten Jahren immer wieder zusammenstießen. 790 erreichten tibetische Truppen den westlichsten Punkt ihrer militärischen Vorstöße, den Amu Darja und Ferghana.

Die administrativen Strukturen des tibetischen Reichs sind nur fragmentarisch bekannt. Aus den Dunhuang-Dokumenten kennen wir zwar recht viele Einzelheiten über die Verwaltung der von tibetischen Truppen unterworfenen Gebiete in Ostturkestan und Nordchina, es bleibt jedoch unklar, ob die dortige Verwaltungsstruktur mit der Verwaltung in Zentraltibet übereinstimmte. Die früheste Organisationseinheit, die auf das Jahr 684 oder sogar noch frühere Zeiten zurückgeht, war das «Horn» bzw. der «Distrikt» (*ru*).[9] Bis zum Jahr 731 gab es insgesamt drei «Hörner»: das «rechte», das die östlichen Teile von Tsang umfaßte, das «zentrale» mit Lhasa und Umgebung, und das «linke» Horn, das Yarlung sowie Kongpo und Umgebung als Verwaltungseinheit zusammenschloß. Um 733 kam ein viertes Horn (*ru-lag*) im Westen hinzu, schließlich noch ein fünftes. Die *Rushi*, «vier Hörner», bezeichnen daher in den frühen Quellen die Distrikte von Zentraltibet. Der Terminus *Ru* wurde zu einer militärischen Verwaltungseinheit, an deren Spitze Verwaltungsbeamte (*ru-dpon*) standen. Jedes Horn war in kleinere Verwaltungseinheiten unterteilt, die in erster Linie militärischer Natur waren, die «Zehntausend-Distrikte», *Tride*. Ein *Tride* wurde von einem *Tripön* regiert, dem wiederum die *Tongpön* unterstanden, die ein *Tongde*, einen «Tausend-Distrikt», regierten. Es gibt allerdings keinen direkten Hinweis darauf, daß diese Verwaltungseinheit vor der Regierungszeit des Trisong Detsen existierte, da wir lediglich Beschreibungen aus wesentlich späteren Quellen besitzen.[10] Ein *Tongde* war vielleicht ein Distrikt, von dem der *Tongpön* tausend Soldaten für die tibetische Armee stellen mußte. Damit war der *Tongpön* zugleich der Kommandant einer Truppeneinheit. Die Pflichten eines *Tongpön* umfaßten aber auch zivile administrative Angelegenheiten wie die Durchsetzung des herrscherlichen Rechts und die Getreidezuteilung von Gebieten mit einem Ernte-Überschuß an ärmere Gebiete. Aus den Dunhuang-Texten geht zudem hervor, daß die *Tongpön* mit religiösen Angelegenheiten ihres Distrikts befaßt waren.

Die «Tausend-Distrikte» waren noch einmal unterteilt in die *Tsen,* die aus etwa fünfzig Haushalten bestanden. Sie dienten nicht nur militärischen, sondern auch zivilen Zwecken wie der Steuererhebung und verschiedenen Arbeitsdiensten.[11]

Eine weitere wichtige Verwaltungseinheit waren die *Trom,* «Militärregierungen», die in den östlichen, nördlichen und westlichen Grenzregionen installiert wurden und teilweise riesige Gebiete umfaßten. Sie waren einem *Magpön,* «Armee-Kommandanten», unterstellt und daher in erster Linie eine militärische Verwaltungseinheit. Diese großen Verwaltungsbezirke waren anscheinend noch einmal aufgeteilt in Distrikte, die einem *Tseje,* «Stadt-Präfekten»,[12] unterstellt waren. In Zentraltibet gab es, der jetzigen Quellenlage nach zu urteilen, keine *Trom.* Auch wenn die Nachrichten über die Verwaltungsstrukturen des tibetischen Reichs recht fragmentarisch sind, ergibt sich doch das Bild eines gut organisierten Gemeinwesens für das Tibet des 7. bis 9. Jahrhunderts.

Buddhismus als «Staatsreligion»: Tibet im späten 8. Jahrhundert

Das Interesse der auf Songtsen Gampo folgenden Herrscher der Yarlung-Dynastie am Buddhismus war gering, obwohl Mesagtsom (704–754) einer Inschrift aus dem 8. Jahrhundert zufolge einige Tempel erbauen ließ. Erst nach dem Regierungsantritt von

Trisong Detsen, dem Sohn des Mesagtsom, wurde der Buddhismus aktiv gefördert. In der buddhistischen Geschichtsschreibung gilt daher Trisong Detsen nach Songtsen Gampo, dem ersten «Religionskönig» (Dharmarāja), als der zweite Religionskönig, der den Buddhismus als autoritative Religion für das tibetische Reich etablierte. Über die Gründe für diesen Schritt von seiten des Herrschers läßt sich nur spekulieren. Unter Trisong Detsen erreichte das tibetische Reich seine größte Ausdehnung. Zugleich deuten tibetische Quellen den Schatten eines Zweifels an der Legitimität dieses Herrschers an.[13] Vielleicht vermochten die autochthonen religiösen Konzepte der Herrschaftslegitimation, die in der Beziehung der Territorialgottheit zum herrschenden Klan einer lokalen Gemeinschaft gründeten, den Bedarf an Legitimierung politischer Autorität auf einer überregionalen, nicht mehr an Klan-Strukturen gebundenen Ebene nicht mehr zu befriedigen. Möglicherweise wurden die buddhistischen Konzepte des Religionskönigs (Dharmarāja) und Weltenherrschers (Cakravartin), die jenseits von Lokalität und Ethnizität politische Herrschaft in symbolischer Repräsentation fundieren und legitimieren, vom Herrscher bewußt als Legitimierungsstrategie seiner Herrschaft eingesetzt.

Die Steinsäule (rdo-ring) vor dem Haupttempel des Klosters Samye enthält die früheste inschriftliche Erwähnung des Buddhismus in Tibet. Die um das Jahr 780 datierte Inschrift protokolliert, daß der Tsenpo Trisong Detsen einen Eid schwor, die Religion des Buddha, die in den Tempeln von Rasa, Samye und anderswo etabliert worden war, zu bewahren. Die Anrufung von neun autochthonen Berggottheiten als Zeugen des geleisteten Eids deutet darauf hin, daß schon im 8. Jahrhundert autochthone tibetische religiöse Vorstellungen in buddhistische Weltdeutungskonzepte integriert wurden.

Die Tatsache, daß mit Siegeln versehene Abschriften der Inschrift und eines zweiten, kommentierenden Texts an die verschiedenen buddhistischen Tempel und Mönchsgemeinschaften im ganzen tibetischen Reich geschickt wurden, veranlaßte den Tibe-

tologen Giuseppe Tucci, die beiden Texte als die «Gründungs-
urkunden des tibetischen Buddhismus» zu bezeichnen.

Trisong Detsen förderte die Ausbreitung der neuen Religion
durch die Einladung verschiedener indischer Gelehrter an seinen
Hof in Lhasa. Die bedeutendsten Gelehrten, die zu jener Zeit nach
Tibet reisten, waren zweifellos Shāntarakshita (circa 723–787) und
sein Schüler Kamalashīla. Über den erstgenannten wissen wir nicht
viel mehr, als daß er ursprünglich aus Zahor kam und nach einem
Aufenthalt in Mangyül nahe der nepalesischen Grenze nach Lhasa
eingeladen wurde. Shāntarakshita unterwies den Herrscher in den
Grundlagen der buddhistischen Lehre. Trisong Detsen wurde
einer Chronik aus dem 10. Jahrhundert zufolge sofort ein frommer Buddhist. Plötzlich jedoch brachen Naturkatastrophen über
Zentraltibet herein. Der königliche Palast von Phangthang wurde
überflutet, die Residenz des Herrschers in Lhasa von einem Blitz
getroffen, und schließlich kam es zu einer Hungersnot und zum
Ausbruch von Seuchen. Diese Ereignisse wurden als schlechte
Omen gegen die neue Religion gewertet. In symbolischer Sprache
wird der Machtkampf zwischen den Ministern, deren ideologische
Herrschafts-Fundierung in autochthonen religiösen Konzepten
und rituellen Handlungen lag, und dem Herrscher, der eine reichs-
weite Legitimierung seiner Herrschaft anstrebte, geschildert.

Der von Trisong Detsen nach Tibet eingeladene Shāntarakshita
war als Gelehrter des Mahāyāna-Buddhismus vor allem mit philosophischen Fragen beschäftigt. Die Sprache seiner religiösen Tradition war das Sanskrit, eine Sprache, die über viele Jahrhunderte
hinweg eine reiche und ausdifferenzierte philosophische Terminologie entwickelt hatte. Die aus dieser frühen Zeit hinterlassenen
Texte bezeugen zwei verschiedene Aspekte tibetischer Religiosität, die bis heute in tibetischen Gesellschaften bestimmend sind.
Einerseits haben die Tibeter eine sehr pragmatische Einstellung zu
religiösen Dingen, andererseits ist ihnen das Streben nach Heil,
der Befreiung aus dem Kreislauf der Wiedergeburten, sehr wichtig. Die pragmatische Orientierung war vor allem bei den Laien
von Bedeutung und äußerte sich in der Verehrung eines bestimm-

ten Typs von buddhistischem Heiligen, dem nonkonformistischen *Mahāsiddha*. Das Streben nach Heil wurde in Mönchszirkeln verwirklicht und kam in der Standardisierung der Übersetzungssprache aus dem Sanskrit zum Ausdruck, die es ermöglichte, die philosophischen Feinheiten des Mahāyāna-Buddhismus adäquat auszudrücken. Die Übersetzungen buddhistischer Texte vom Sanskrit ins Tibetische wurden von der Regierung kontrolliert, wie das «autoritative Wort» (*bkas-bcad*) des Herrschers Tride Songtsen aus dem Jahr 814 bestätigt, das die Kodifizierung der Übersetzungsnormen und -regeln mitteilt. Zur Kodifizierung gehörte der festgelegte Gebrauch schon etablierter Termini, die in ein Wortregister eingetragen und vom Herrscher und seinem Ministerrat bestätigt werden mußten. Die Übersetzungstätigkeit war also schon im 8. Jahrhundert hochgradig bürokratisiert.

Einheimische religiöse Spezialisten

Die Auseinandersetzungen zwischen der lokalen Aristokratie und dem Herrscher verweisen auf ein Spannungsfeld zwischen autochthonen religiösen Vorstellungen und der neu eingeführten buddhistischen Religion. Bis vor kurzem wurde in der wissenschaftlichen Literatur zu Tibet die «Bön»-Religion, die heute neben dem Buddhismus die wichtigste systematisierte Religion in Tibet darstellt, mit der «ursprünglichen» tibetischen Religion, die im 7. Jahrhundert vom Buddhismus verdrängt wurde, identifiziert. Die Forschung folgte mit dieser Interpretation den Argumentationslinien der tibetisch-buddhistischen Autoren seit dem 12. Jahrhundert, allerdings ohne die dort enthaltene Polemik gegen die Bön-Religion zu berücksichtigen. Durch die intensive Erforschung dieser Religion in den letzten Jahren ist deutlich geworden, daß die Behauptung, Bön sei die Religion des vorbuddhistischen Tibet gewesen, historisch nicht haltbar ist. Die heutige Forschung ist weder in der Lage, eine frühe autochthone tibetische «Religion» aus den wenigen vorhandenen Quellen zu rekonstruieren,[14] noch einen historischen Zusammenhang zwischen den religiösen Vorstellungen der Yarlung-Zeit und der Bön-Religion, wie sie uns nach dem 11. Jahrhundert entgegentritt, herzustellen. Es ist auch nicht möglich, von heutigen alltagsreligiösen Vorstellungen und Ritualen auf eine «vor-buddhistische» Religion zu schließen. Es läßt sich lediglich feststellen, daß in den Dunhuang-Dokumenten die Begriffe *Shen*, *Bön* und *Bönpo* in verschiedenen rituell-religiösen Zusammenhängen auftauchen. Die *Bönpo* und *Shen* waren anscheinend eine Gruppe religiöser Spezialisten, die für Divinationspraktiken, Heilungen und Begräbnisrituale zuständig waren. In chinesischen Quellen dieser Zeit werden sie mit dem rituellen Eid in Verbindung gebracht, der beim Friedensschluß zwischen China und Tibet 821/22 geschworen wurde. So wenig sich die religiösen Vorstellungen jener Zeit als geschlossene Sinnwelt rekonstruieren lassen, so wenig läßt sich die genaue gesellschaftliche Position dieser religiösen Spezialisten bestimmen. Wir wissen nur, daß sie oft mit dem lokalen Adel verbunden waren und auf die Propagierung des Buddhismus durch die Herrscher ablehnend reagierten, da diese ihre eigene Machtposition in Frage stellten.

Ein buddhistischer Weiser als Kulturheros

Die Differenzen zwischen autochthonen religiösen Spezialisten und den buddhistischen Gelehrten illustrieren die für die tibetische Religionsgeschichte charakteristischen Spannungen zwischen einer ritualistischen Religiosität und einer Kultur der religionsphilosophischen Debatten. In der tibetischen Geschichtsschreibung wurde diese Spannung in eine Erzählung umgesetzt, die grundlegend für die Konstituierung Tibets als buddhistisches Land wurde: Der tantrische buddhistische Meister Padmasambhava wurde der Legende nach von Shāntarakshita selbst nach Tibet geholt. Der aus dem Swat-Tal stammende Padmasambhava oder *Guru Rinpoche*, wie er in Tibet genannt wird, sollte die wilden Dämonen von Tibet zähmen und dem Buddhismus unterwerfen.

Ob Padmasambhava eine historische Gestalt war, ist in der Forschung umstritten, im kulturellen Gedächtnis der Tibeter aber ist er zum Kulturheros geworden, der es vermochte, das tibetische Land mit seinen menschlichen und dämonischen Bewohnern dem Buddhismus zuzuführen. Padmasambhava war es, der die lokalen Gottheiten und Dämonen zähmte und sie als Schutzgottheiten einem immer größeren Gottheiten-Pantheon einverleibte, dem vom Standpunkt der Mahāyāna-buddhistischen Lehre zwar keine Realität an sich zukommt, das jedoch im religiösen Alltag als durchaus real wahrgenommen und daher gefürchtet und verehrt wird. Padmasambhava soll die Gottheit Pehar, die seit dem 17. Jahrhundert eine wichtige Rolle für die Institution der Dalai Lamas spielen sollte, als Schutzgottheit für ganz Tibet eingesetzt haben. Auf den tantrischen Meister aus dem Swat-Tal führt zudem die tibetisch-buddhistische Lehrtradition der Nyingmapa, der «Alten», ihre Lehrüberlieferung zurück. Seine Verehrung ist jedoch nicht nur auf diese Tradition beschränkt. In vielen tibetischen Haushalten wird man auch heute noch ein Bildnis des Padmasambhava neben dem des Buddhas und des Dalai Lamas auf dem Hausaltar finden.

Das erste buddhistische Kloster

Samye ist das erste Kloster, das in Tibet gegründet worden ist. Seine Errichtung markiert den Beginn des monastisch organisierten Buddhismus in Tibet, wie das herrscherliche Edikt, das den Buddhismus als Staatsreligion deklariert, verdeutlicht. Trisong Detsen, in dessen Regierungszeit die Klostergründung fällt, kann daher als der erste buddhistische Herrscher Tibets bezeichnet werden, obwohl die tibetische historiographische Tradition die Linie der buddhistischen Herrscher früher, mit Songtsen Gampo, beginnen läßt.

Den meisten der späteren historischen Quellen zufolge wurde das Kloster Samye auf den Wunsch des Herrschers hin im Jahr 779 von Shāntarakshita und Padmasambhava gemeinsam gegründet.[15]

Der Tradition nach wurde es nach dem Modell des Klosters im nordindischen Odantapuri (im heutigen Bihar gelegen) errichtet. Samye besteht aus einem großen Gebäudekomplex, der um einen Haupttempel angelegt ist. Der zentrale Tempel mit seinen nach den vier Himmelsrichtungen ausgerichteten Seiten symbolisiert in seiner Architektur ein Mandala, so wie der gesamte Klosterkomplex symbolisch das buddhistische Universum repräsentiert. Das bedeutendste Buddhabildnis im Haupttempel ist der Meditationsbuddha Vairocana, dessen Statuen sich im mittleren und oberen Geschoß befinden, während das Erdgeschoß des Tempels die Statue des historischen Buddha beherbergt, der als eine Emanation des Vairocana betrachtet wird. Auch in anderen frühen Bildzeugnissen in Zentral- und Osttibet fällt die Omnipräsenz des Vairocana auf und bezeugt seine Bedeutung in der Zeit des tibetischen Großreichs.[16] Vairocana war anscheinend eng mit dem Herrscherkult verbunden. Der Herrscher und sein Reich wurden auf der symbolischen Ebene mit dem Buddha Vairocana und seinem Buddhafeld, seiner von ihm für alle Lebewesen geschaffenen transzendenten Sphäre, identifiziert, so daß die im gesamten Gebiet des tibetischen Großreichs gefundenen Vairocana-Bildnisse als eine «Demonstration der imperialen Agenda eines buddhistischen Universalherrschers»[17] gelesen werden können. So wie durch die Errichtung von Tempeln und anderen sichtbaren Zeichen der Buddhisierung das tibetische Land von einer Wildnis in ein Buddhafeld transformiert wurde, so vollzog sich durch die Verbreitung des Vairocana-Kults die Transformation des tibetischen Herrschers von einem göttlichen Ahnherrn und einer Berggottheit in einen Buddha und Weltenherrscher.

Gleichzeitig mit der Errichtung des Klosters Samye wurden sieben Männer ausgewählt, die von Shāntarakshita die Mönchsweihe erhielten und die «sieben Auserwählten» (*sad-mi-mi-bdun*) genannt wurden. Diese ersten tibetischen Mönche gehörten alle dem Adel an.

Die Mönchsgemeinde, der *Sangha*, wuchs rasch an. Im Jahr der Grundsteinlegung von Samye legten, wie uns tibetische Chroni-

46

ken berichten, hundert Tibeter, unter ihnen auch einige Frauen aus der Herrscherfamilie, die buddhistischen Gelübde ab. Die wachsende Mönchsgemeinde stellte den Herrscher vor die Notwendigkeit, den Unterhalt der Klöster zu gewährleisten. Der Herrscher wurde entsprechend den Rollenmodellen der umliegenden buddhistischen Länder zum «Gabenherrn» des Sangha. Er gewährte den Klöstern Ländereien, die ihren materiellen Unterhalt sicherstellten. Der Chronik *Bashe* zufolge wies Trisong Detsen jedem Mönch drei Laien-Haushalte zu, die ihn versorgten, jedem Kloster insgesamt zweihundert Haushalte. Andere Quellen nennen nur die Zahl von hundert Haushalten zur Versorgung eines Klosters. Die Haushalte, die einem Kloster zugewiesen wurden, wurden von der Jurisdiktion des Reichs in die Jurisdiktion des Klosters überführt. Darüber hinaus waren die Mönche von Steuern und Militärdienst befreit.

Neben den in Zentral- und Osttibet etablierten Mönchsgemeinden war eine Gruppe von Klöstern dem Herrscherhaus zugeordnet und erhielt besonders großzügige materielle Unterstützung.

Die aktive Förderung des Buddhismus durch den Herrscher führte darüber hinaus zu einer Reihe von Änderungen im Rechtswesen. Besonders grausame körperliche Strafen wie das Blenden wurden per Edikt verboten. Die Abkehr von Körperstrafen wurde unter dem Herrscher Rälpachen noch verstärkt. Er befreite die Mitglieder der Regierung, die Mönche waren, von der Pflicht, körperliche Strafen vollziehen zu müssen, da dies den Mönchsgelübden widersprach. Den ersten Beleg dafür, daß Mönche Regierungsämter ausübten, besitzen wir in der Inschrift beim Zhe Lhakhang, einem kleinen Tempel rund 75 Kilometer nordöstlich von Lhasa gelegen, in der die Privilegien, die dem Minister Myang Tingedsin von Tride Songtsen gewährt wurden, aufgelistet werden. Der Minister wird in der Inschrift mit dem klerikalen Titel *bande* versehen und somit als Mönch ausgewiesen.

Die Debatte von Samye:
Indischer gegen chinesischer Buddhismus

Während der Regierungszeit des Trisong Detsen reiste der chinesische buddhistische Gelehrte Mahāyāna nach Tibet, weil er einem in Dunhuang entdeckten chinesischen Dokument zufolge[18] vom Herrscher selbst kurz nach der Eroberung Dunhuangs im Jahr 787 nach Lhasa zitiert worden war. Mahāyāna scharte in kurzer Zeit viele Anhänger um sich. Die chinesischen Quellen aus Dunhuang behaupten, daß der Herrscher selbst der chinesischen Lehre zugeneigt war, und sie suggerieren, daß die indischen Gelehrten, die in Zentraltibet weilten, den Verlust ihrer Privilegien befürchteten und daher versuchten, die Chinesen durch Intrigen aus Tibet zu vertreiben. Es wird von Selbstverletzungen und sogar Selbstmordversuchen von Schülern des Mahāyāna berichtet, die dem Druck der Inder nicht standhalten konnten. Der Herrscher lud daraufhin den indischen Gelehrten Kamalashīla nach Tibet ein mit dem Ziel, eine philosophische Debatte über die verschiedenen strittigen Lehrmeinungen zu führen.

Das religiöse Streitgespräch, das gegen Ende des 8. Jahrhunderts im Kloster Samye stattfand, stellt nach Meinung späterer tibetischer Historiographen einen Wendepunkt in der Geschichte des Buddhismus in Tibet dar. Auf den ersten Blick scheinen rein philosophische Fragen im Mittelpunkt gestanden zu haben. Die indischen Mönche, die in Tibet lehrten, propagierten einen graduellen Weg, die Buddhaschaft zu erlangen, wie er in den Schriften zur «Vollkommenheit der Weisheit» (*Prajñāpāramitā*) dargelegt ist, während die Chinesen die plötzliche Erleuchtung gemäß bestimmter Lehren der chinesisch-buddhistischen Chan-Tradition predigten. Die indische Seite wurde in der Debatte von Kamalashīla vertreten, der nach dem Tod des Shāntarakshita nach Tibet eingeladen worden war und dessen Nachfolge als Abt von Samye antrat, sowie einigen Mönchen aus dem tibetischen Adel, vor allem aus dem mächtigen Bas-Klan. Die chinesische Seite wurde von Mahāyāna angeführt, der von einigen chinesischen Mönchen und dem Minister Myang Tingedsin begleitet wurde. Die Chinesen wurden darüber hinaus von einer der Gemahlinnen des Herrschers, Changchub aus dem Dro-Klan, und weiteren adligen Hofdamen unterstützt.

Die Unterstützung der chinesischen Lehren durch einige der mächtigsten Adels-Klane am Hof des Trisong Detsen läßt aufhorchen und wirft ein neues Licht auf ein Ereignis, das in der tibetischen Geschichtsschreibung ausschließlich religiös gedeutet wird. Es ging wohl um mehr als um religiöse Heilswahrheiten. Die Debatte von Samye ist vielleicht das Ergebnis der machtpolitischen Konflikte zwischen dem Herrscher und den verschiedenen Adelsparteien am Hof, die in den späteren historiographischen Quellen als Konflikt zwischen autochthonen religiösen Vorstellungen und der neuen buddhistischen Lehre dargestellt werden.[19]

Sowenig wie die Frage, ob die Debatte tatsächlich stattgefunden hat, ist auch geklärt, welche Seite als Gewinnerin aus dem Disput hervorging. Beide Parteien nahmen den Sieg für sich in Anspruch. Die indische Partei behauptete, daß die Befolgung des graduellen Pfads zur Erleuchtung fortan durch einen herrscherlichen Erlaß vorgeschrieben sei, eine Behauptung, die durch die tibetischen Quellen bestätigt wird. Die chinesische Partei nahm für sich jedoch ebenfalls in Anspruch, ihr Sieg sei im Jahr 794 durch ein herrscherliches Dekret bestätigt worden. Aus den Dunhuang-Dokumenten wissen wir, daß der chinesische Mönch Mahāyāna Zentraltibet verließ und nach Dunhuang reiste, wo er zu einem der führenden buddhistischen Gelehrten in der tibetischen Administration aufstieg. Er kann daher nicht in Ungnade gefallen sein, wie uns spätere tibetische Quellen glauben machen wollen.

Obwohl die meisten tibetisch-buddhistischen Lehrtraditionen starkes Gewicht auf den graduellen Pfad zur Erleuchtung legen, hat die im Chan-Buddhismus gelehrte Doktrin der plötzlichen, spontanen Erleuchtung seit der Zeit der «frühen Verbreitung» eine ungeheure Faszination auf tibetische Buddhistinnen und Buddhisten ausgeübt. Trotz der über die Jahrhunderte immer wiederkehrenden Kritik an dieser Lehre stellt sie heute einen wichtigen Beitrag zur tibetisch-budddhistischen Lehrüberlieferung dar und deutet auf die bedeutende Rolle hin, die chinesische Mönche bei der Einführung des Buddhismus in Tibet gespielt haben. Der Kontakt mit China bestand schon sehr früh. Vor der Ankunft indischer Mönche besuchten chinesische buddhistische Mönche sowie Mönche aus den zentralasiatischen buddhistischen Oasenstädten Zentraltibet. Aber nicht nur Chinesen reisten nach Tibet, sondern tibetische Adlige erhielten ihre Erziehung teilweise in China. Zwischen 705 und 710 wurde vom chinesischen Kaiser ein Edikt erlassen, das die Söhne und Enkel des tibetischen Adels an der kaiserlichen Akademie zum Studium der chinesischen Klassiker zuließ.

Neben dem chinesischen Einfluß bestanden rege Kontakte zu den Regionen im Westen Tibets. Ananta, der persönliche Übersetzer des Shāntarakshita während seines ersten Besuchs in Tibet um das Jahr 763 herum, stammte aus Kashmir. Butön berichtet in seiner Religionsgeschichte, daß viele der ersten Übersetzungen buddhistischer Schriften von chinesischen, khotanesischen und bengalischen Originalen angefertigt wurden.

Das tibetisch-chinesische Abkommen von 821/22

Das riesige Reich der Tibeter zeigte schon bald nach dem Tod von Trisong Detsen im Jahr 797 Zeichen wachsender Instabilität: In Gilgit und der Pamir-Region wurden die Tibeter von den Arabern unter al-Ma'mūn bedrängt. In den Oasenstädten Ostturkestans kam es ständig zu Konflikten mit den Uiguren, die die dort stationierten tibetischen Truppen angriffen. Darüber hinaus wurden die tibetisch-chinesischen Scharmützel fortgesetzt. Es kam zwar zu Verhandlungen zwischen den beiden Reichen in den Jahren 804/05, die aber durch den Tod des Kaisers Dezong im Jahr 805 unterbrochen wurden. Seine Nachfolge trat Shunzong an, der jedoch nach nur sechs Monaten abdankte, woraufhin Xianzong (805–820) den Thron bestieg. Bei jeder dieser Gelegenheiten wurden offizielle Gesandtschaften zwischen beiden Ländern ausgetauscht, und man einigte sich auf eine Generalamnestie für die Kriegsgefangenen. Die Gesandtschaften ebneten den Weg zu diplomatischen Kontakten, so daß Friedensverhandlungen aufgenommen und mit verschiedenen Unterbrechungen über ein Jahrzehnt geführt wurden. Erst im Jahr 821/22 wurden die Feindseligkeiten zwischen China und dem tibetischen Reich durch ein sino-tibetisches Friedensabkommen unter dem Herrscher Rälpachen beigelegt, das für die nächsten beiden Jahrzehnte die ständigen Kampfhandlungen beendete. Der Text des Abkommens wurde in chinesischer und tibetischer Sprache auf drei Steinsäulen, in Changan, an der tibetisch-chinesischen Grenze und in Lhasa, festgehalten. Die Inschrift auf der Steinsäule vor dem Jokhang in Lhasa erinnert an das Abkommen, das in Lhasa ratifiziert und durch autochthone und buddhistische Rituale autorisiert wurde: «... damit dieses Abkommen, das eine große Ära begründet, wenn Tibeter glücklich in Tibet und Chinesen glücklich in China sein werden, niemals geändert werden wird, sind die Drei Juwelen, die Heiligen, Sonne und Mond, Planeten und Sterne als Zeugen angerufen worden; ihr Ziel ist in feierlichen Worten dargelegt worden; der Eid ist geschworen worden mit dem Opfer von Tieren; und das Abkommen ist feierlich vollzogen worden.»[20]

Neben dem Abkommen mit China schlossen die Tibeter im selben Jahr oder ein Jahr später ein Friedensabkommen mit den Uiguren. Dieses Abkommen, das nach wiederholten militärischen Kampagnen gegen die Uiguren zustandekam, ist nur in wenigen tibetischen Quellen erwähnt.[21] Die beiden Friedensabkommen verhinderten eine weitere Expansion des tibetischen Reichs, und die militärische Präsenz der Tibeter beschränkte sich nun auf die Gebiete, die 821 unter tibetischer Kontrolle waren.

Während der Regierung des Rälpachen verschob sich die Macht von der säkularen zur klerikalen Sphäre. Schon unter seinen Vorgängern wurden Mönche in ein Ministeramt berufen. Diese Mönchsminister, die zumeist aus den führenden Klanen der Bas und Myang stammten, besaßen große Macht in der Regierung. Die in späteren Quellen betonte Frömmigkeit des Herrschers, der als dritter Religionskönig gilt, ist sicherlich eine nachträgliche Übertreibung, aber er scheint ein schwacher Herrscher gewesen zu sein, der die administrativen Geschäfte in den Händen seiner Minister beließ, deren wichtigster der Mönchsbeamte Pelgyi Yönten war. Die politischen Spannungen zwischen dem Adel und den Unterstützern der neuen Religion entluden sich schließlich um das Jahr 836 in einem Attentat gegen den Herrscher. Eine Gruppe von Ministern, angeführt vom Bas-Klan, sorgte zudem dafür, daß Pelgyi Yönten in Ungnade fiel und hingerichtet wurde.

Das Ende der Yarlung-Dynastie

Nach der Ermordung von Rälpachen übernahm sein Bruder Langdarma die Regierungsgeschäfte, bis auch er selbst einem Attentat, ausgeübt von dem Mönch Lhalung Pelgyi Dorje, im Jahr 842 zum Opfer fiel. Der Niedergang der Yarlung-Dynastie wurde von späteren buddhistischen Historikern der angeblichen anti-buddhistischen Kampagne des letzten Herrschers Langdarma zugeschrieben. Wahrscheinlich ist Langdarma jedoch nicht der grausame Buddhistenverfolger gewesen, als der er später dargestellt wurde. Sein gewaltsamer Tod markiert das Ende des tibetischen Großreichs. Da er keinen legitimen Erben hinterließ, führte das anschließende Vakuum zu einem Machtkampf zwischen den beiden mächtigen Adelsfraktionen der Bas und der Dro, die die umstrittene Erbfolge zwischen Langdarmas beiden Söhnen Yumten und Ösung für ihre eigenen Zwecke ausnutzten. Die politische und militärische Pattsituation zwischen den beiden Kontrahenten führte zur Teilung des Reichs in die beiden Regionen Yönru (das «linke Horn», Zentraltibet südlich des Tsang-po mit dem Yarlung-Tal), das von Ösung regiert wurde, und Uru (das «zentrale Horn», Zentraltibet nördlich des Tsangpo mit Lhasa), das von Yumten beherrscht wurde. Zur gleichen Zeit kam es zu Hungersnöten und

Seuchen, wie uns tibetische Chroniken berichten.[22] Darüber hinaus standen sich in Osttibet zwei verfeindete tibetische Generäle gegenüber, so daß durch die interne instabile Situation einige der osttibetischen Eroberungen wieder an China fielen. Khotan erlangte im Jahr 851 seine Unabhängigkeit von Tibet wieder. Andere Gebiete wie die Stadt Liangzhou blieben bis zur Eroberung durch die Tanguten im 11. Jahrhundert unter lokaler tibetischer Kontrolle, obwohl der Präfekt Zhangyizhao von Dunhuang im Jahr 863 dem chinesischen Kaiser die Rückeroberung von Liangzhou gemeldet hatte.

Das tibetische Großreich in Zentralasien hatte seinen Zenit überschritten und in Tibet selbst seine politische Autorität verloren. Nach dem Tod von Ösung regierte sein Sohn Pelkhortsen über die Region südlich des Tsangpo. Er hatte jedoch seine Autorität bei der lokalen Aristokratie eingebüßt, da die «neun kostbaren Erbstücke» (rje'i-can-dgu),[23] die die Herrschaftslegitimität der Yarlung-Dynastie repräsentierten, und die Kontrolle über den Tempel von Samye in die Hände der Yumten-Linie gefallen waren. In diesem Machtvakuum entschieden die Anführer der mächtigen Adelsklane auf einem Treffen, Tride Göntsen, wahrscheinlich der Sohn des Yumten aus Uru,[24] einzuladen. Er trat nach der Ermordung von Pelkhortsen die Nachfolge als Herrscher an. Aber auch er vermochte es nicht, sich die Gefolgschaft der lokalen Aristokratie dauerhaft zu sichern, und im Zuge der langsamen Desintegration der Yarlung-Dynastie kam es zu lokalen Aufständen (khenglog). Das Land fiel in einen Zustand der Anarchie und des Chaos, aus dem keine der zerstrittenen Parteien als Gewinnerin hervorging. Die Zerstörung von Festungen und Klöstern sowie von deren Archiven im Zuge der militärischen Wirren hat vielleicht den Mangel an historischem Quellenmaterial verursacht, den wir für das folgende Jahrhundert zu beklagen haben.

Die Nachkommen der beiden letzten Herrscher der Yarlung-Dynastie begründeten eine Reihe von kleineren Fürstentümern im westlichen Tsang, den drei Distrikten von Ngari, sowie in Mangyül Gungthang und in Nyang in Amdo. Acht Jahre nach dem letzten großen Aufstand, im Jahr 929, machte sich eine Gruppe von vier Aristokraten daran, die Grabstätten der Yarlung-Herrscher in Chonggye aufzubrechen und zu plündern. Nur das Grab von Songtsen Gampo blieb verschont.

Das tibetische Großreich zerbrach letztlich an den internen Machtkämpfen der untereinander zerstrittenen Adelsgeschlechter. Mit der ungeklärten Nachfolgesituation nach Langdarmas Ermordung ging eine Machtverschiebung von der herrschenden Dynastie zu den einzelnen Adelsgeschlechtern einher, der Situation vor der Einigung der lokalen Stammesfürsten im frühen 7. Jahrhundert nicht unähnlich. Es sollte Jahrhunderte dauern, bis die tibetischen Fürstentümer wieder unter einer zentralen Autorität vereinigt wurden.

Tibet im ersten Jahrtausend: Politische Bedeutung und Kulturkontakte im eurasiatischen Kontext

Tibet wird auch in neueren Publikationen häufig als eine größtenteils kulturell und historisch isolierte Region betrachtet, eine Tendenz, die zumindest teilweise als Reaktion auf die heutige politische Situation des Landes und den Kampf der Exiltibeter um politische Autonomie gewertet werden kann. Im ersten Jahrtausend unserer Zeitrechnung war Tibet jedoch Teil eines großen eurasiatischen Kultur- und Handelsraums. Da sich ihr Herrschaftsbereich auf das Tarim-Becken und das westliche Zentralasien erstreckte, kontrollierten die Tibeter einige der wichtigsten eurasiatischen Handelsrouten, was sie in Kontakt mit der chinesischen, der arabischen und, durch die Vermittlung der letzteren, auch mit der griechischen und römischen Kultur brachte. Der kulturelle Austausch zeigt sich besonders deutlich in der tibetischen Medizingeschichte. Die tibetische Medizin, die wesentliche Impulse Indien und China verdankt, weist auch griechische Einflüsse auf. In tibetischen Chroniken lesen wir, daß während der Herrschaft des Songtsen Gampo ein Arzt aus Trom namens Galenos eingeladen wurde. «Trom» bezeichnet hier Byzanz. Ein weiterer Spezialist kam aus Iran, das sich damals schon unter der Herrschaft des arabischen Kalifats befand. Die beiden Gelehrten sollen griechische Medizintraktate ins Tibetische übersetzt und griechische Medizin praktiziert haben.

Der Handel auf den Seidenstraßen wurde im ersten Jahrtausend durch die indo-iranischen Sogdier bestimmt. Sogdische Inschriften aus dem Jahr 825/26 im Dorf Drangtse in Ladakh, wo früher die Handelsstrassen aus Baktrien, dem Pamir und dem westlichen Tarim-Becken nach Indien und Zentraltibet führten, bezeugen ihre Präsenz in Tibet. Auf den Seidenstraßen wurde neben Gold vor allem tibetischer Moschus in die westlichen Länder importiert, während für die Ausrüstung der tibetischen Truppen Kettenhemden aus dem arabischen Kalifat nach Tibet geliefert wurden. Aus China wurden Seidenbrokatstoffe gehandelt.

Die Handelskontakte führten zur Bekanntschaft mit verschiedenen Religionen, besonders mit dem Nestorianismus und dem Manichäismus. Von den tibetischen Kontakten mit den Nestorianern wissen wir durch zwei Briefe von Timotheus I., der von 780 bis 823 Patriarch der nestorianischen Kirche war.[25] Mit dem Manichäismus haben sich die Tibeter auch auf einer theoretischen Ebene auseinandergesetzt, was umso erstaunlicher ist, als zu jener Zeit der Buddhismus in Tibet gerade erst Fuß faßte. Dem Herrscher Trisong Detsen wird ein Text zugeschrieben, der im *Tanjur*, der großen Kommentarsammlung zu den Worten des Buddha, überliefert ist.[26] Der Text, der die Wahl des Buddhismus als Staatsreligion Tibets rechtfertigt, enthält eine harsche Kritik am Manichäismus, der als eine Religion beschrieben wird, die «von allen Systemen ausgeliehen hat, um ein System zu schaffen, welches von allen anderen abweicht»,[27] und daher als nicht authentisch abzulehnen sei. Der Vorwurf des «Synkretismus» des Mani, oft genug von den Kirchenvätern geäußert, wird aus tibetischer Perspektive bestätigt. An diesem Beispiel zeigt sich die Partizipation Tibets an den kultur- und geistesgeschichtlichen Diskursen der eurasiatischen Welt des frühen europäischen Mittelalters, in der der trans-

kontinentale Handel die Kontinente miteinander verband und für
Kulturkontakte sorgte, die in späteren Jahrhunderten teilweise in
Vergessenheit gerieten.

2. Institutionalisierung des Buddhismus und tibetische Identität (10. – 12. Jahrhundert)

Die Entstehung lokaler Fürstentümer

Im Jahrhundert nach dem Zerfall der Yarlung-Dynastie konnte sich keiner der lokalen Adelsklane in Zentraltibet als überregionale politische Macht durchsetzen. Das ehemalige tibetische Großreich blieb in einzelne, miteinander rivalisierende Fürstentümer zersplittert. Leider besitzen wir für diese Periode der tibetischen Geschichte nur wenige Quellen, so daß die Rekonstruktion der Geschehnisse in der «dunklen Periode», wie die spätere buddhistische Geschichtsschreibung sie nennt, lückenhaft bleiben muß. Erst in Verbindung mit der späteren Verbreitung des Buddhismus in Tibet mehren sich wieder die historischen Nachrichten, die sich für das Jahrhundert, das den Beginn der «späteren Verbreitung» markiert, auf den Westen Tibets und die Etablierung lokaler Herrscherdynastien konzentrieren, auf Guge, das Land am oberen Sutlej und westlich des Manasarowar-Sees, und auf Purang. In diesem Gebiet begründeten Nachkommen der Yarlung-Herrscher ein Reich, das seine Unabhängigkeit von Zentraltibet bis 1684 wahren konnte.

Im Osten Tibets, über den wir aus chinesischen Quellen unterrichtet sind, wurde unter den tibetischen *Hexi*-Stämmen in der Region von Tsongkha ein lokales Fürstentum unter dem Fürsten Trinam Depön Tsenpo etabliert, der besser unter seinem Titel *Gyelse*, «Sohn des Buddha», bekannt ist. Er war ebenfalls ein Nachkomme der Yarlung-Herrscher. Seit dem Ende der Dynastie

war die Region buddhistisch und wurde teilweise von Stammesfürsten regiert, die, obwohl sie in den Ordensstand eingetreten
waren, ihr säkulares Amt beibehalten hatten. In dieses Gebiet war
der buddhistische Mönch Pelgyi Dorje geflohen, der den Yarlung-
Herrscher Langdarma ermordet hatte. Von hier wie aus dem
Westen sollten im 10. und zu Beginn des 11. Jahrhunderts die reli-
giös-kulturellen Impulse kommen, die zu einer Renaissance des
Buddhismus in Zentraltibet führten.

Im Jahr 986 proklamierte der Herrscher von Guge, Songne,
einen Erlaß (*bka'-shog*), in dem sämtliche falsch verstandenen,
wörtlich ausgelegten tantrischen Ritualpraktiken verurteilt und die
Bevölkerung angewiesen wurde, den Mahāyāna-buddhistischen
Lehren zu folgen.[28] Dieser Erlaß kann als der Beginn der «späteren Verbreitung» des Buddhismus in Ngari Korsum, den «drei
Distrikten von Ngari», Guge, Purang und Mangyül (dem heutigen
Ladakh), angesehen werden. Elf Jahre zuvor war ein junger Mönch
aus Guge, Rinchen Sangpo, nach Kashmir und Indien abgereist,
um bei den berühmten buddhistischen Meistern seiner Zeit zu
studieren. Er kehrte 987 in seine Heimat zurück und begann eine
rastlose Missionstätigkeit, unterstützt vom Herrscher von Guge.
988 bestimmte Songne per königlichem Dekret (*chos-rtsigs*) die
Etablierung eines säkularen (*rgyal-khrims*) und eines religiösen
(*chos-khrims*) Rechtskodexes, in dem das religiöse dem säkularen
Recht zwar übergeordnet war, beide jedoch getrennt voneinander
behandelt wurden. In der säkularen Rechtsprechung steht die Ver-
teidigungsbereitschaft des Landes im Mittelpunkt, die durch die
militärische Ausbildung der männlichen Bevölkerung gewährlei-
stet wird. Die Rechtsprechung spiegelt hier die politisch-militäri-
sche Situation von Guge im 10./11. Jahrhundert wider, die von der
Bedrohung der Westgrenzen durch die ersten ghaznavidischen
Einfälle in die indo-iranischen Grenzländer im 10. Jahrhundert
und der Unsicherheit seiner Nordgrenzen nach der Eroberung
von Khotan im Jahr 1006 durch die Qarakhaniden geprägt war.

Darüber hinaus legte das Dekret fest, daß außer dem Thronan-
wärter sämtliche Mitglieder der Herrscherfamilie in den Mönchs-

stand eintreten mußten. Blieb der Thron vakant, mußte eines der mönchischen Mitglieder der Herrscherfamilie den Thron übernehmen. Im selben Jahr noch trat Songne in ein Kloster ein und nahm den Mönchsnamen Lha Lama Yeshe Ö an, unter dem er seither in den Quellen genannt wird.[29] Er übergab die Regierung von Guge und Purang seinem Bruder Khore.

Die Einführung des Buddhismus in Westtibet geht jedoch nicht auf Yeshe Ö zurück. Schon während der «frühen Verbreitung» des Dharma in Zentraltibet hatte es dort buddhistische Aktivitäten gegeben. Das Edikt von Samye, in dem Trisong Detsen den Buddhismus zur Staatsreligion erklärt hatte, war auch in den westtibetischen Gebieten verbindlich;[30] ob ihm allerdings in Guge Folge geleistet wurde, wissen wir nicht. Zur Zeit von Rälpachen war der Buddhismus tibetischen Quellen und archäologischen Funden zufolge in Guge etabliert.[31] Guge Purang, das dem Gebiet des ehemaligen Reichs von Zhangzhung entspricht, ist sowohl nach buddhistischer als auch nach Bön-Tradition die Heimat des Bön-Glaubens, und so verwundert es nicht, daß spätere buddhistische Traditions-Quellen behaupten, die Bön-Religion sei im 10. Jahrhundert weit verbreitet gewesen.[32]

Die Renaissance des Buddhismus in Westtibet

Die beiden herausragenden Gestalten im Tibet des 10. und 11. Jahrhunderts waren der schon erwähnte Rinchen Sangpo und der bengalische Gelehrte Atisha. Rinchen Sangpo, im Jahr 958 geboren, begab sich im Alter von 18 Jahren zum Studium der buddhistischen Lehre nach Kashmir und Indien. Nach seiner Rückkehr im Jahr 987 wurde er zu einem bedeutenden Übersetzer buddhistischer Schriften aus dem Sanskrit ins Tibetische. Darüber hinaus werden ihm eine ganze Reihe von Kloster- und Tempelgründungen in Westtibet und Ladakh zugeschrieben, so u. a. Kvachar in Purang, Tholing in Guge und Nyarma in Ladakh. Nyarma, von dem heute nur noch die Grundmauern zu sehen sind, ist das älteste Kloster Ladakhs und das einzige, das auch in tibetischen Quellen als Gründung Rinchen Sangpos ausgewiesen ist. Im Jahr 996 machte sich Rinchen Sangpo das zweite Mal auf die Reise nach Kashmir, diesmal, wie in tibetischen historischen Quellen berichtet wird, in Begleitung von 20 Knaben, die der Herrscher von Guge nach Indien zum Studium des Buddhismus entsandte. Lediglich Rinchen Sangpo und Lochung Legpä Sherab überlebten und kehrten 1001 nach Ngari zurück.

Die Renaissance des Buddhismus in Westtibet wurde nicht nur durch Tempel- und Klostergründungen sowie die Übersetzung buddhistischer Schriften aus dem Sanskrit gefördert. Yeshe Ö ordnete (*bka'-lung*) 1023 an, daß zweihundert junge Männer des Reichs in den Ordensstand eintreten sollten, um die Tempel, die er errichten ließ, auch zu bevölkern. Solche Maßnahmen erwiesen sich als sehr wirkungsvoll für die Bildung des *Sangha*, der buddhistischen Gemeinde. Darüber hinaus bemühte sich der Herrscher, den bengalischen Gelehrten Atisha nach Guge zu holen. Dieser nahm jedoch erst die Einladung seines Nachfolgers Changchub Ö an und reiste im Jahr 1042 in Begleitung des tibetischen Gelehrten und Übersetzers Nagtso Tsultrim Gyelwa von der nordindischen Klosteruniversität Vikramashila aus nach Westtibet. In Tholing traf er mit dem greisen Rinchen Sangpo zusammen. Die Einladung des indischen Gelehrten verlieh den Bemühungen der Herrscher von Guge Gewicht, den Buddhismus von «falschen», als nicht-buddhistisch betrachteten Elementen zu reinigen. Die Kodifizierung der buddhistischen Lehre in Westtibet erreichte in der Versammlung indischer und tibetischer Gelehrter unter der Schirmherrschaft der Herrscher von Guge in Tholing im Jahr 1076 ihren Höhepunkt.

In Tholing verfaßte Atisha sein berühmtes Werk *Bodhipathapradīpa*, «Lampe für den Weg zur Erleuchtung», ein kurzes buddhistisches Lehrkompendium. Nach einem Jahr reiste er ab, um nach Indien zurückzukehren. Hinter Kyirong vor der nepalesischen Grenze war der Weg jedoch durch lokale Kampfhandlungen blockiert, und so konnte ihn sein Reisegefährte, den er unterwegs getroffen hatte, der Tibeter Dromtön (1003–1064), überreden, mit ihm zusammen nach Zentraltibet zu reisen, wo er seine letzten Lebensjahre verbrachte. Atisha starb im Jahr 1054 in Nethang. Auf seinen wichtigsten Schüler Dromtön geht die Gründung der ersten tibetisch-buddhistischen Lehrtradition, der Kadampa, zurück, deren Beginn auf 1057, das Gründungsdatum des rund 30 Kilometer von Lhasa entfernten Hauptklosters Reting, datiert wird.

Obwohl der Buddhismus im 10. und 11. Jahrhundert in West-tibet eine Blütezeit erlebte, war das Reich von Guge in dieser Zeit ständig durch militärische Einfälle der muslimischen Qarakha-niden bedroht, die in tibetischen Quellen *Garlog* genannt werden. Im Jahr 1037 leitete der Herrscher Ö De an der Nordwestgrenze seines Reichs eine militärische Kampagne gegen die Garlog von Bruzha, während der er in Gefangenschaft geriet.[33] Es gelang ihm zwar, sich zu befreien, aber auf dem Rückzug von Bruzha starb er durch Gift in Shigar in Baltistan. Unter ihrem Anführer Bhara-dandur drangen die Garlog daraufhin nach Guge vor und plünder-ten Tholing. Tibetische Quellen berichten über eine Massenflucht der Bevölkerung in den Süden. Die Eroberer zogen sich jedoch bald zurück, so daß der auf Ö De folgende Herrscher Changchub Ö kurze Zeit später Atisha nach Guge einladen konnte.

Der Osten Tibets

Während der Unruhen, die in den Jahrzehnten nach dem Tod Langdarmas Zentraltibet erschütterten, waren einige Mönche nach Nordost- und Osttibet geflohen, in die Grenzregionen des tibeti-schen Reichs, in denen der Buddhismus blühte. Dort hatte sich nicht nur das bereits erwähnte Fürstentum von Tsongkha eta-bliert, auch die Gründung des buddhistischen Reichs von Xiaxia (982–1224), das besser unter dem Namen «Tangut» bekannt ist, zeugt von der ununterbrochenen Blüte des Buddhismus im Osten. Die «erloschene Flamme der Lehre» wurde der tibetischen historischen Tradition zufolge in Kham wieder entzündet, wo Gongpa Rabsel (892–975) die «zehn Männer aus Ü und Tsang», unter ihnen den berühmten Lume, ordinierte, die daraufhin nach Zentraltibet zurückkehrten und begannen, die teilweise zerstörten Tempel und Klöster wieder aufzubauen. Der Sangha und die Restauration der buddhistischen Heiligtümer standen unter der Schirmherrschaft des Fürsten von Samye, Tsana Yeshe Gyeltsen, der der Yumten-Linie der Yarlung-Dynastie entstammte. Die Ankunft der Mönche aus Kham ist in den Quellen für das «Erd-Vogel»-Jahr (wahrscheinlich 1009) belegt, in dem der *Lhamo*-Tempel in Zentraltibet gegründet wurde. Er ist der erste buddhistische Tempel, der der Periode der späteren Verbreitung zugeschrieben wird. Sowohl der Sohn des Tsana Yeshe Gyeltsen, Tripa, als auch sein Nachfolger, der «königliche Mönch» (*lha-btsun*) Bodi Ratsa, der um das Jahr 1045 Atisha empfing, setzten die buddhismusfreundliche Politik fort, die die endgültige Transformation Zentraltibets in ein buddhistisches Land besiegelte.

Die politische Situation im 11. Jahrhundert

Mit dem Beginn der «späteren Verbreitung» der buddhistischen Lehre besitzen wir wieder Nachrichten aus Zentraltibet, auch wenn sie sich nun vermehrt auf religiöse Ereignisse und herausragende religiöse Persönlichkeiten beziehen. Im 10. und 11. Jahrhundert wurde die politische Zentralgewalt der Yarlung-Dynastie durch lokale Machthaber abgelöst, die von den einzelnen Klanen eingeladen wurden, ihre Gebiete zu regieren. Das symbolische Kapital dieser lokalen Fürsten lag in ihrer Abstammung von den Yarlung-Herrschern begründet. Ihre Macht war eher nomineller Natur, und ihre Abstammung berechtigte sie vor allem zur Einziehung von Steuern.[34] Die von den mächtigen Klanen beherrschten zentraltibetischen Gebiete wurden wahrscheinlich von verschiedenen solchen lokalen Machthabern nominell regiert, die in den Quellen die Titel *Jowo*, «Herr», oder *Je*, «Ehrwürdiger», tragen.

Zuweilen wird ihnen auch der Titel *Yöndag*, «Gabenherr», verliehen, ein buddhistischer Titel, der den Herrscher als den Laien-Gönner eines buddhistischen Klosters oder Tempels ausweist. Dieser Titel weist auf eine Veränderung in der Legitimierung politischer Macht hin: Während in der Yarlung-Zeit die Kontrolle der Tempel und Klöster in den von den einzelnen Klanen beherrschten Gebieten dem Klan selbst oblag, verschob sich im 10./11. Jahrhundert die Machtbalance zugunsten der religiösen Autorität. Die Funktion der säkularen Macht wurde immer mehr im Sinne einer Schutzherrschaft für die buddhistischen Institutionen verstanden. Die Beziehung zwischen der säkularen lokalen Aristokratie und den monastischen Institutionen wurde so zur Beziehung von weltlichen «Gabenherren» und religiösen «Gabenempfängern». Zwischen einzelnen Adelsgeschlechtern und den sich neu etablierenden Lehrtraditionen, die stets ein Kloster als ihr geistiges Zentrum hatten, bahnte sich ein enges Verhältnis an, das von nun an die politischen Strukturen des Landes prägen sollte.

Tibetischer Buddhismus zwischen monastischen und tantrischen Traditionen

Der Buddhismus zeichnete sich während der Yarlung-Dynastie durch eine weitgehende Homogenität aus. Zu Beginn der «späteren Verbreitung» änderte sich dies. Gleichzeitig mit dem Wiedererstarken des monastischen Buddhismus durch Atisha und seine Schüler besuchten eine Reihe von tantrischen Adepten, sogenannte *Siddhas*, Tibet, und Tibeter machten sich auf den Weg nach Nordindien, um bei den berühmtesten Exponenten des buddhistischen Tantra zu studieren. Die sich auf verschiedene indische buddhistische Lehrmeister berufenden tibetisch-buddhistischen Lehrtraditionen, die nun entstanden und bis auf einige wenige heute noch existieren, lassen sich in drei wesentlichen Aspekten voneinander abgrenzen: erstens in der Bedeutung der Ordensdisziplin, besonders des Zölibats; zweitens in der Bedeutung der klerikalen Hierarchie, und drittens in dem Stellenwert des Tantra. Die dogmatischen Unterschiede zwischen den einzelnen Schulen sind hingegen oft gering und liegen vor allem in der Bevorzugung einzelner Tantrazyklen und bestimmter Methoden religiöser Erfahrung.

Die Dichotomie zwischen monastischem und tantrischem Buddhismus, der eine organisiert in Klöstern, der andere gekennzeichnet durch herumwandernde tantrische Adepten, für die die Ordensregeln oft nicht verbindlich sind, hat seit dem 11. Jahrhundert die tibetischen Gesellschaften nachhaltig geprägt. Einige Lehrtraditionen, wie die *Kadampa, Zhalupa* und die späteren *Gelugpa,* betonen die monastische Disziplin, während andere wie die *Sakyapa* und die *Kagyüpa* ihre Lehrüberlieferung direkt auf die großen indischen tantrischen Meister des 11. Jahrhunderts zurückführen. Im Unterschied zu christlichen Ordensgemeinschaften beruhen tibetisch-buddhistische Lehrtraditionen auf der Vorstellung von der spirituellen Verbindung zwischen einem Lehrer und seinem Schüler. Wenn eine solche spirituelle Linie über mehrere Generationen an ein bestimmtes Kloster gebunden ist, wird sie zu einer eigenen Lehrtradition. Von Lehrtraditionen bzw. «Schulen» läßt sich im tibetisch-buddhistischen Kontext daher erst im Rückblick sprechen.

Erst im Nachhinein können wir auch von den *Nyingmapa,* den «Alten», die ihre Lehrüberlieferung direkt auf Padmasambhava während der «frühen Verbreitung» des Buddhismus zurückführen, als einer eigenständigen Lehrtradition sprechen. Eine eigene religiöse Identität, die sogar zur Festlegung eines kanonisierten Schriftenkorpus führte, bildeten die Nyingmapa erst im 11./ 12. Jahrhundert heraus, als sich diejenigen, die den während der «frühen Verbreitung der Lehre» angefertigten Übersetzungen buddhistischer Texte folgten, durch die nun einsetzende Systematisierung der buddhistischen Schriften und die Verbindlichkeit neuer, aus dem Sanskrit übersetzter Texte bedroht sahen. Die tibetische buddhistische Tradition unterscheidet zwischen den «alten» (*rnying-ma*) Tantras, die zur Zeit der «frühen Verbreitung» der Lehre in Tibet eingeführt worden waren, und den «neuen» (*gsar-*

ma) Tantras, die während der «späteren» Verbreitung im 11. und 12. Jahrhundert von indischen Siddhas und Gelehrten ihren tibetischen Schülern übermittelt und zu Basistexten der sich neu herausbildenden Lehrtraditionen wurden. Die Authentizität der tantrischen Zyklen, die zur Zeit der Yarlung-Dynastie in Tibet gelehrt wurden, wurde damals wie heute von manchen Gelehrten angezweifelt, da die Sanskrit-Originale der meisten dieser Texte verloren waren. Damit fehlte ihnen die Legitimation als authentisches Buddha-Wort. Obwohl die «alten» Tantras heute von allen tibetisch-buddhistischen Lehrtraditionen praktiziert werden, stellen sie vor allem den Textbestand der Nyingmapa dar.

Politik und Religion im 11. und 12. Jahrhundert

In Zentraltibet hatte der Sangha im Jahrhundert nach dem Ende der Dynastie keine besondere Rolle mehr gespielt, obwohl die Yarlung-Herrscher mit der Gründung des Klosters Samye die institutionelle Basis für die Etablierung des monastischen Buddhismus in Tibet geschaffen hatten. Anhänger des Tantra, die meist aus Familien stammten, in denen das Amt des Lama vererbt wurde, waren jedoch auch in der «dunklen Periode» in Tibet aktiv und sorgten für die Befriedigung der spirituellen Bedürfnisse der Bevölkerung. Aus diesen erblichen Lama-Familien bildeten sich zu Beginn des 11. Jahrhunderts Lehrtraditionen heraus, die zu einer neuen monastischen Struktur in Tibet führten. Die auch politisch bedeutendste dieser erblichen «Mönchsdynastien» war die Khön-Familie, die ihre Genealogie auf göttliche Vorfahren in der Yarlung-Zeit zurückführte. Könchog Gyelpo (1034–1102), ein Schüler des Übersetzers und tantrischen Meisters Drogmi (992–1074), gründete im Jahr 1073 das Kloster Sakya in Westtibet, das zum Zentrum einer der größten autonomen politischen Enklaven in Tibet wurde. Das Territorium von Sakya war rund 3500 Quadratkilometer groß. Noch im 20. Jahrhundert wurde Sakya von der Zentralregierung von Lhasa als autonome politische Einheit, als *Zhung*, «Regierung», anerkannt. Die Führung von Sakya wurde durch Erbfolge in der Khön-Familie geregelt. Könchog Gyelpo gab im Alter von 40 Jahren seine Mönchsgelübde zurück und heiratete. Sein Sohn Sachen Künga Nyingpo (1092–1158) gilt als der eigentliche Begründer der Sakya-Tradition, da er die von Drogmi erhaltenen Lehren, die auf dem Hevajra-Tantra, einem der «neuen» Tantras, basieren, erstmals systematisierte. Die frühen Lamas von Sakya, die Sakya Trichen, waren Mönche und vererbten ihr Amt auf den Sohn eines ihrer verheirateten Brüder. Im Laufe der Zeit änderte sich diese Praxis, und heute ist der Sakya Trichen in der Regel verheiratet. Das Kloster Sakya wurde jedoch zu einem Zentrum für Mönche, die nach den buddhistischen Ordensregeln den Zölibat einhalten mußten. Die neue monastische Form, in der das Oberhaupt eines Klosters ein tantrischer Lama ist, der nicht an das Zölibatsgelübde gebunden ist, stellt eine Sonderform des monastischen Buddhismus in den asiatischen Ländern dar.

Auch die Kagyüpa, neben den Kadampa und den Sakyapa die dritte bedeutende Lehrtradition, führen ihre Entstehung auf das 11. Jahrhundert zurück, auf den Übersetzer Marpa (1012–1097) aus Lhodrag, der in Indien ein Schüler des tantrischen *Yogin* Naropa wurde. Er brachte tantrische Lehrzyklen nach Tibet zurück und versammelte bald eine wachsende Schar von Schülern um sich. Sein berühmtester Schüler war Milarepa (1040–1123), dessen außergewöhnliche Biographie, die in zahlreichen Übersetzungen in europäische Sprachen vorliegt, ihn inzwischen zum wohl bekanntesten tibetischen «Mystiker» im Westen gemacht hat. Die Kagyüpa, die sich ebenfalls an den «neuen» Tantras orientieren, legen großes Gewicht auf yogische Praktiken und Meditation. Unter Gampopa (1079–1153) wurden ihre zuerst mündlich weitergegebenen Lehren niedergeschrieben und systematisiert. Aus den Kagyüpa entstanden eine Reihe von Nebentraditionen, von denen die politisch bedeutendsten die Karmapa, die Phagmodrupa und die Drigungpa sind. Der Begründer der Lehrtradition der Karmapa, Düsum Khyenpa (1110–1193), war ein Schüler des Gampopa. Im Jahr 1189 gründete er das Kloster Tshurphu im Tal von Tölung nordwestlich von Lhasa, das noch heute der Sitz der Karmapa-Lamas ist. Die Karmapa, die sich in die sogenannten «Schwarzhüte» (*zhva-nag-pa*) und die «Rothüte» (*zhva-dmar-pa*) unterteilen, waren im 16. und 17. Jahrhundert die bedeutendsten politischen Gegenspieler der Gelugpa.

Neben der Khön-Familie gelang es vor allem den Phagmodrupa, einem weiteren Zweig der Kagyüpa, sich politische Autorität durch die Kontrolle über eine lokale monastische Institution zu sichern. Die Phagmodrupa waren mit dem Lang-Klan und durch diesen mit dem Gar-Klan verbunden, der in Osttibet, Kham, und später in Derge sein politisches Machtzentrum hatte. Phagmodrupa (1110–1170), der Begründer der gleichnamigen Lehrtradition, war ein Schüler des Gampopa. 1158 gründete er das Kloster Densathil in Phagmodru im südöstlichen Zentraltibet. Auch bei den Phagmodrupa wurde das Amt des Abtes vom Onkel auf den Neffen vererbt. Dieselbe Regel können wir in Osttibet, z. B. beim Gar-Klan beobachten.

Im Jahr 1179 gründete Jigten Gönpo (1143–1217) das Kloster Drigung, das der Sitz des gleichnamigen Zweiges der Kagyüpa wurde. Die Drigungpa waren im frühen 13. Jahrhundert besonders in Ladakh aktiv, wo sie von 1215 an von den lokalen Herrschern protegiert wurden. Lamayuru war jahrhundertelang ihr Hauptkloster in Ladakh. Im 13. Jahrhundert wurden die Phagmodrupa und Drigungpa die wichtigsten Rivalen der Sakyapa im Kampf um die politische Vorherrschaft in Zentraltibet.

Die Zhalupa gehen auf Chetsün Sherab Jungne aus dem Adelsklan der Che zurück, der 1040 das Kloster von Zhalu gründete, in dem im Gegensatz zu den Sakyapa und Phagmodrupa großes Gewicht auf die monastische Disziplin gelegt wurde. Die lokalen Herrscher des Che-Klans erweiterten ihre politische Machtbasis später durch eine Heiratsallianz mit den Herrschern von Gyantse. Darüber hinaus waren sie durch Heirat ebenfalls mit den Sakyapa verbunden, weshalb der *Tripön* von Zhalu gewöhnlich *Kuzhang*, «mütterlicher Onkel», genannt wurde.

Im 11. Jahrhundert etablierten sich noch eine Reihe weiterer, kleinerer Lehrtraditionen, wie z. B. die Chöpa, die auf Leichenstätten meditierten und in der Visualisierung eines Selbstopfers die Buddhaschaft zu verwirklichen suchten. Diese Lehrtradition wurde von einer Frau, Machig Labdrönma (1055–1149), begründet, ein in der tibetischen Religionsgeschichte einzigartiges Geschehen. Die Chö-Tradition existiert heute nicht mehr als eigenständige Lehrtradition, ihre Hauptlehren sind jedoch in sämtliche Schulen integriert worden.

Den erst im 14. Jahrhundert von Sherab Gyeltsen (1292–1361) begründeten Jonangpa war ebenfalls keine lange Existenz beschieden. Diese Lehrtradition, die nach ihrem Hauptkloster Jonang bzw. Jomonang benannt wurde, vertrat in der Lehre vom *tathāgathagarbha*, der in allen Lebewesen angelegten Potenz zur Buddhaschaft, einen Substantialismus, der von anderen Lehrtraditionen scharf kritisiert wurde. Im 17. Jahrhundert wurden die Klöster der Jonangpa unter dem 5. Dalai Lama aufgelöst, was zu ihrer materiellen Vernichtung führte.

Die Herausbildung einer Vielfalt verschiedener buddhistischer Lehrtraditionen sowie die schon in der Geschichte der Yarlung-Dynastie angelegte Zersplitterung der politischen Sphäre sind kennzeichnend für das Tibet des 11. und 12. Jahrhunderts. Die politische und wirtschaftliche Verflechtung der lokalen Aristokratien mit einzelnen Klöstern führte in den Adelsfamilien zu einer doppelten Erbfolge: Ein verheirateter Adliger übertrug die säkulare Macht und den Familienbesitz auf seinen Sohn, während einer seiner Brüder, der Mönch geworden war, die religiöse Macht und den Besitz der Mönchsgemeinschaft auf einen Neffen übertrug. Die prominentesten Beispiele der Verbindung säkularer und klerikaler Macht in einer Adelsfamilie sind die Sakyapa und die Drigungpa. In den Lehrtraditionen, in denen die Äbte eines Klosters heiraten durften, konnten beide Funktionen in einer Person vereint werden. Diese doppelte Erbfolge führte zu einer allmählichen Verschiebung der politischen Machtstrukturen zugunsten der monastischen Institutionen. Tibet wurde in eine buddhistische Gesellschaft transformiert, die aus Laien und Mönchsgemeinde bestand, deren grundlegende Sozialstrukturen auch auf der politischen Ebene abgebildet wurden.

Mönche, Nonnen und «verrückte Heilige»

Die im 11. und 12. Jahrhundert ausgebildeten religiösen Rollenmodelle prägen noch heute die asiatischen Gesellschaften, die vom tibetischen Buddhismus bestimmt sind. Die weitverbreitete Vorstellung, daß im vormodernen Tibet ein Drittel der männlichen Bevölkerung in Klöstern als Mönche lebte, resultiert aus der falschen Meinung, daß jeder «Lama» ein Mönch ist. Das Wort «Lama» bedeutet jedoch nicht «Mönch», sondern bezeichnet einen religiösen Lehrer, der – meistens tantrische – Initiationen gibt. Im täglichen Sprachgebrauch kann jeder Mönch oder Tantra-Praktizierende, der geistliche Belehrungen gibt, als «Lama» bezeichnet werden. Lamas müssen nicht notwendigerweise die Ordensgelübde abgelegt haben. Die eigentlichen Mönche, tibetisch *Trapa*, und Nonnen, tibetisch *Ani*,[35] leben gewöhnlich in Klöstern und müssen eine ganze Reihe von Gelübden ablegen (die Mönche 262, die Nonnen 371),[36] von denen das nach außen hin sichtbarste das Zölibatsgelübde ist. Es ist theoretisch jederzeit möglich, die Gelübde zurückzugeben und in den Laienstand zurückzukehren, aber dies hatte in Tibet vor 1950 gravierende soziale und ökonomische Nachteile. Der Austritt aus dem Kloster bedeutete die Rückkehr zur Familie. Dort aber war der Rückkehrer seinen Brüdern ökonomisch nicht gleichgestellt, denn mit dem Klostereintritt hatte er in der Familie seinen Erbanspruch verloren. Damit besaß er außerhalb des Klosters keine materielle Lebensgrundlage. Hierin ist wahrscheinlich einer der wesentlichen Gründe dafür zu sehen, daß nur wenige Mönche dem Kloster den Rücken kehrten.

Neben den Mönchen und Nonnen gab (und gibt) es die sogenannten *Ngagpa*, tantrische Dorflamas, die häufig verheiratet sind. Ihnen obliegt in den Dörfern vor allem der Vollzug alltagsreligiö-

69

ser Rituale. Die Asketen, *Gomchen*, die sich häufig in die Einsamkeit einer Meditationszelle zurückziehen, widmen ihr Leben der Meditation. Manche von ihnen sind *Drubthob*, Siddhas. Sie führen oft ein unstetes Wanderleben und üben tantrische Praktiken aus, die den Verstoß gegen den Zölibat mit sich bringen können. Aus ihren Reihen rekrutieren sich die sogenannten *Nyönpa*, die «Narren im Geiste», die durch ein Leben jenseits aller sozialen Normen ihre Einsicht in die Leerheit der Welt demonstrieren.

Diese verschiedenen religiösen Spezialistinnen und Spezialisten bevölkerten schon das Tibet des 11. und 12. Jahrhunderts, wie wir aus den zahlreichen biographischen Berichten erfahren, die über die wichtigsten religiösen Persönlichkeiten jener Zeit verfaßt worden sind. Auch wenn die uns überlieferten Biographien häufig Jahrhunderte später verfaßt wurden, berufen sie sich doch alle auf zeitgenössische Quellen, die heute verloren sind.

Tibet – ein Land der Mönche?

Wenn die Vorstellung, ein Drittel der männlichen Bevölkerung Tibets lebte als Mönche in Klöstern, nicht aufrechtzuerhalten ist, wie hoch war der Anteil der Mönche an der Gesamtbevölkerung tatsächlich? Obwohl Tibet vor 1959 mehr als 6000 Klöster besaß, bestand die Mehrzahl von ihnen aus sehr kleinen Konventen. Die Zahl der in einem Kloster residierenden Mönche läßt sich anhand der Namenslisten der Novizen (*dge-tshul*) und vollordinierten Mönche (*dge-slong*) eines Klosters ermitteln. So lebten in den vier Gelugpa-Meditationskonventen Tashi Samtenling, Ganden Phugpoche, Dragka Thegchenling und Chöding Trimdenling, alle in Kyirong gelegen, nach 1956 insgesamt 59 Mönche.[37] Das sind nicht mehr als 15 Mönche pro Kloster. Für andere Regionen Tibets gibt es ähnliche Berechnungen,[38] so daß sich eine Hochrechnung für ganz Tibet erstellen läßt. Demzufolge lebten in der ersten Hälfte des 20. Jahrhunderts rund 10–12 Prozent der männlichen Bevölkerung Tibets ein zölibatäres Leben in einem Kloster. Gegenüber Gesellschaften wie Thailand, wo ungefähr 1–2 Prozent der männlichen Bevölkerung Mönche sind, ist der Prozentsatz immer noch beeindruckend hoch.

Die Bön-Religion

Obwohl Tibet in den westlichen Medien zuweilen als das buddhistische Land par excellence dargestellt wird, sind nicht alle Tibeter Buddhisten. Eine Minderheit von ihnen sind Anhänger der sogenannten *Bön*-Religion, deren Systematisierung ebenfalls in die Zeit des 10.–12. Jahrhunderts fällt. Die Bön-Religion wurde lange Zeit als die vorbuddhistische Religion Tibets angesehen, eine Legende, die auch heute noch in populären Buchpublikationen zu Tibet wiederholt wird. Die heutige systematisierte Bön-Religion wird in dieser Sichtweise entweder als eine direkte Fortsetzung der vorbuddhistischen religiösen Traditionen des 7. Jahrhunderts verstanden oder aber als eine heterodoxe Form des Buddhismus, die besonders viele autochthone religiöse Elemente in ihre Glaubenswelt integriert hat und mehr oder weniger ein Plagiat des Buddhismus ist. Beide Standpunkte sind inzwischen von der Forschung überholt. Es wurde weiter oben darauf hingewiesen, daß eine Rekonstruktion der frühen tibetischen religiösen Vorstellungen anhand des wenigen Quellenmaterials nicht möglich ist und wir keinen Hinweis darauf besitzen, daß diese Vorstellungen im 7. Jahrhundert als «Bön» bezeichnet wurden. Für die verschiedenen autochthonen religiösen Traditionen besitzt das Tibetische keinen übergeordneten Begriff.

Was ist dann Bön? Im Tibetischen wird mit diesem Begriff eine Religion bezeichnet, deren Existenz seit dem 10. und 11. Jahrhundert in Tibet belegt ist und die von den Tibetern, ob Buddhisten oder Anhänger der Bön-Religion, *Bönpo*, als eine eigenständige, vom Buddhismus unterschiedene Religion angesehen wird. Die Bön-Religion unterscheidet sich hinsichtlich ihrer metaphysischen Konzepte, philosophischen Doktrinen sowie ihrer monastischen

Organisationsformen nur wenig vom Buddhismus. Daher wurde sie von westlichen Wissenschaftlern lange als ein Plagiat des Buddhismus betrachtet. Inzwischen hat sich dies jedoch als falsch herausgestellt, und es ist erwiesen, daß oft nicht die Bönpo die buddhistischen Texte, sondern vielmehr die Buddhisten die Bön-Texte kopiert und mit buddhistischer Terminologie versehen haben. Beide religiöse Traditionen müssen sich daher schon früh, seit dem 10. Jahrhundert, gegenseitig beeinflußt haben.

Wenn sich die Bön-Religion auch nicht hinsichtlich ihrer religiösen Inhalte vom tibetischen Buddhismus unterscheidet, so doch in ihrem Konzept einer Heilsgeschichte Tibets und in ihren Strategien, die religiöse Autorität ihrer Schriften zu legitimieren. Bönpo glauben, daß Bön schon viele Jahrhunderte vor dem Buddhismus nach Tibet eingeführt worden war und den Schutz der tibetischen Herrscher genoß, bis dieser Status unter der Herrschaft von Trisong Detsen zugunsten des Buddhismus aufgehoben wurde. Demzufolge wird die Einführung des Buddhismus, von der tibetisch-buddhistischen Geschichtsschreibung als der Beginn der tibetischen *Heilsgeschichte* gepriesen, von den Bönpo als Beginn einer Katastrophe beschrieben. Nyima Tenzin, ein Bönpo-Gelehrter des 19. Jahrhunderts, schreibt die Einführung des Buddhismus dem «perversen Gebet eines Dämons»[39] zu und führt den Zusammenbruch der Yarlung-Dynastie und die anschließende politische Anarchie direkt auf die Verfolgung der Bönpo zurück. Mit diesem Geschichtsbild grenzen sich die Bönpo von den buddhistischen Tibetern ab und schließen sich zugleich aus dem kollektiven religiösen Diskurs aus.

Die Bön-Religion wurde aus dem westtibetischen Reich von Zhangzhung nach Tibet eingeführt, wie die Bön-Quellen berichten. Die Bönpo glauben, daß ihre heiligen Texte aus der Sprache von Zhangzhung übersetzt worden sind. Eine Rekonstruktion dieser Sprache ist bisher nicht gelungen, aber das in Bön-Texten überlieferte umfangreiche Wortmaterial aus einem tibeto-birmanischen linguistischen Stratum, das nur entfernte Verwandtschaft mit dem Tibetischen, dafür aber eine Ähnlichkeit mit anderen im westlichen Himalaya gesprochenen Sprachen wie dem Kinnauri aufweist, deutet zumindest an, daß die Existenz dieser Sprache keineswegs rein fiktiv ist. Nach Bönpo-Glauben ist ihre Religion in einem noch weiter westlich von Zhangzhung gelegenen Land namens Tadzhik entstanden. Die exakte geographische Lage dieses Gebietes ist nicht bekannt. In späteren Jahrhunderten wurde das Herkunftsland der Bönpo mythisch verklärt zum Land Ölmo Lungring, in dem der Begründer der Bön-Religion, Tönpa Shenrab Mibo, gelebt und gelehrt hat.

Die Zahl der Bönpo in Tibet vor 1950 kann nur geschätzt werden. Das bekannteste Kloster Menri liegt in der westtibetischen Provinz Tsang, die meisten Klöster gab es jedoch in Ost- und Nordosttibet, wo ganze Distrikte von Bönpo bewohnt waren. In Gyarong haben einige kleine Fürstentümer, die unabhängig von der tibetischen Zentralregierung in Lhasa waren, bis zu ihrer Eingliederung in das Qing-Reich im 18. Jahrhundert als Mäzene der dortigen Bön-Klöster agiert.

Tibetische Geschichte als Mythos: Die Großreichszeit als Paradigma kultureller Identität

Im 12. Jahrhundert bildete sich im Zuge der Etablierung neuer buddhistischer Lehrtraditionen auch der Geschichtsmythos von Tibet als dem auserwählten Land des Bodhisattvas Avalokiteshvara aus, der zur Grundlage der kulturellen Identität der Tibeter wurde. Dieser Mythos ist das erste Mal im *Mani Kambum* faßbar, einer Sammlung pseudo-historischer und religiöser Texte, die dem Herrscher Songtsen Gampo und dem Kult des Bodhisattvas Avalokiteshvara gewidmet sind. Es ist in seinen ältesten Teilen wahrscheinlich im 12. Jahrhundert entstanden. Das *Mani Kambum* gehört zu den sogenannten *Terma*-Texten, den «Schatztexten», die zur Zeit der frühen Verbreitung der buddhistischen Lehre von Padmasambhava oder einem seiner Schüler versteckt worden sein sollen, um später zu einer geeigneten Zeit von einem «Schatzfin-

Eine Mani-Mauer. Felsen mit dem eingemeißelten Mantra des Bodhisattvas Avalokiteshvara finden sich im ganzen tibetischen Kulturraum.

der», *Tertön*, wiederentdeckt zu werden. Solche «Schatz»-Texte sind besonders bei den Nyingmapa weit verbreitet, aber auch andere Lehrtraditionen kennen diese Textgattung. Die *Terma*-Texte haben oft die Funktion, neue und innovative Lehren als authentisch buddhistisch zu legitimieren und in die bestehenden Traditionen zu integrieren.

Im *Mani Kambum* wird der Bodhisattva selbst als der Ahnherr des tibetischen Volkes angesehen. Avalokiteshvara vereinigte sich in seiner Form als Affen-Bodhisattva mit einer Felsdämonin, einer Form des weiblichen Bodhisattvas Tārā. Aus dieser Beziehung gingen die sechs Vorfahren der Tibeter hervor, aus denen wiederum die sechs tibetischen Stämme entstanden. Der Bodhisattva, der so zum direkten Vorfahren der Tibeter wird, ist dem *Mani Kambum* zufolge auch die Schutzgottheit Tibets, und er erscheint in menschlicher Form als Herrscher von Tibet. Songtsen Gampo wird in dem Textkorpus als eine Emanation des Avalokiteshvara dargestellt, der seinem barbarischen Reich die Lehre des Buddha bringt.

Die Erzählung des *Mani Kambum* nimmt zum ersten Mal eine umfassende buddhistische Sinndeutung der tibetischen Geschichte vor. Der Herrscher, in den frühen autochthonen religiösen Konzepten mit dem Berggott als Ahnherr verbunden, dessen menschliches Alter Ego er darstellt, erscheint nun als der Bodhisattva, der zugleich der Ahnherr des tibetischen Volkes ist. Die autochthone religiöse Vorstellung, die die Herrschaft Songtsen Gampos religiös legitimiert hat, wird buddhistisch umgedeutet, das Schneeland Tibet verwandelt sich in das Buddhafeld des Avalokiteshvara. Schon im 12. Jahrhundert setzte damit die Idealisierung der Großreichszeit ein, die Vergangenheit wurde zum identitätsstiftenden Mythos umgeschrieben, der seit dem 17. Jahrhundert zur ideologischen Basis der Zentralregierung von Lhasa werden sollte. Der im *Mani Kambum* entworfene Geschichtsmythos, der in zahlreichen historischen Werken seit dem 14. Jahrhundert aufgegriffen wurde, wurde zur Grundlage einer tibetischen kulturellen Identität, deren kulturell-politischer Anspruch in den missionarischen Aktivitäten tibetisch-buddhistischer Geistlicher in der Mongolei des 13. und 14. Jahrhunderts erstmals zutage trat.

3. Tibet unter der Mongolenherrschaft (13.–14. Jahrhundert)

Zentralasien im 13. Jahrhundert: Die Mongolen

Zu Beginn des 12. Jahrhunderts hatte ein nomadischer Anführer namens Qabul Khan verschiedene Klane, die im Gebiet der heutigen Mongolei nomadisierten, in einer Stammesgruppe vereinigt, der er den Namen «Mongol» gab. Einem dieser Klane, den *Borjigid*, entstammte der um das Jahr 1167 geborene Enkel des Qabul Khan, Temüjin, der zum gefürchtetsten Eroberer der mittelalterlichen Welt aufstieg. Nachdem sich der junge Temüjin benachbarte Stämme wie die Kereyid, die Nayiman, Tatar, Merkid und andere unterworfen hatte, wurde er im Jahr 1206 auf einem *Quriltai*, einer Versammlung der Stammesfürsten der verschiedenen Steppenstämme, zu ihrem Herrscher erhoben und erhielt den Titel *Chinggis Khan*. In den folgenden drei Jahren reorganisierte Chinggis Khan die soziale Ordnung der mongolischen Stammesverbände, indem er die bisherige, an Abstammungslinien orientierte Sozialstruktur zugunsten einer politisch-militärischen Ordnung ersetzte, die in Zehntausendschaften (mongolisch *tümen*) untergliedert war. Führungspositionen im Heer wurden allein nach Verdienst und Leistung vergeben. Die neue Sozialordnung erwies sich als außerordentlich flexibel und ermöglichte es, immer neue Stämme dem Steppenverband anzugliedern. In den nächsten beiden Jahrzehnten ging Chinggis Khan daran, sein Reich durch militärische Eroberungszüge auszudehnen. Nach Feldzügen gegen das Reich von Xiaxia und das chinesische Jin-Reich wandte er sich 1218 nach Westen und eroberte das Reich von Kara-Kitai, danach Buchara und Samarkand. 1223 schlugen die mongolischen Truppen ein vereinigtes Heer von Russen und Kumanen an der Kalka und stießen bis zum Dnjepr vor. 1227, im Todesjahr Chinggis Khans, war aus dem mongolischen Steppenimperium ein Weltreich bisher nicht bekannten Ausmaßes geworden, das unter seinem Sohn und Nachfolger Ögedei Khan konsolidiert und noch weiter ausgedehnt wurde.

Chinggis Khans Eroberungszüge führten ihn nicht nach Tibet, obwohl in mongolischen Chroniken des 18. und 19. Jahrhunderts von einem Feldzug des Chinggis Khan gegen einen tibetischen König im Jahre 1206 die Rede ist. Chinggis Khan hatte jedoch wahrscheinlich Kontakt zu tibetischen Mönchen, wie uns die tibetische Chronik «Freudenfest der Gelehrten» mitteilt. Im Jahr 1215 soll er im Reich von Xiaxia einige tibetische Mönche getroffen und mit ihnen mit Hilfe eines Übersetzers auch gesprochen haben.[40] Während der Autor des «Freudenfestes» andeutet, Chinggis Khan sei sehr interessiert an der buddhistischen Lehre gewesen, wissen frühere Quellen wie das *Gyapö Yigtsang* aus dem Jahr 1434 von einem solchen religiösen Interesse des Mongolenherrschers nichts.

Das Reich von Xiaxia spielte wahrscheinlich eine wichtige Rolle bei der Vermittlung des Buddhismus an die Mongolen. Es hatte sich im Osten Tibets um das Jahr 1000 etabliert und war in Tibet unter dem Namen *Minyag*, bei den Mongolen als *Tangut* bekannt. Unter dem letzteren Namen ist es auch im Westen bekannt geworden. Der in Xiaxia herrschende Buddhismus wurde seit der zweiten Hälfte des 12. Jahrhunderts tibetisiert, wofür vor allem Mönche der Kagyüpa, besonders der Karmapa-Tradition und der weniger bekannten Barompa, verantwortlich waren. Der Begründer der Karmapa, Düsum Khyenpa, soll von einem Tangutenherrscher an seinen Hof geladen worden sein. Im Zentrum der in Xiaxia propagierten tibetisch-buddhistischen Lehren stand die Verehrung des Mahākāla, einer Schutzgottheit, die in Ritualen zur Stärkung der Armee und zur Abwehr von Feinden des Reichs angerufen wurde. Wahrscheinlich kamen die Mongolen mit dem Buddhismus in Xiaxia schon während Chinggis Khans Belagerung der Hauptstadt des Reichs im Jahr 1209 in Berührung. Für einen Kontakt spricht, daß auch in der späteren mongolischen Yuan-Dynastie der Kult um Mahākāla, der zur Schutzgottheit der Dynastie aufstieg, eine wichtige Rolle spielte. Möglicherweise bildeten die tibetisch-tangutischen Beziehungen des 12. Jahrhunderts den Präzedenzfall für die tibetisch-mongolischen Beziehungen im 13. und 14. Jahrhundert.

Informelle, persönliche Kontakte mit tibetischen Geistlichen pflegten auch die Schwägerin des Ögedei Khan und ihre Söhne Möngke, Khubilai und Hülegü, die den Lama Gungthangpa in ihr Palastlager einluden. Durch diese Begegnungen und aufgrund der Gerüchte über die mongolischen Eroberungen, die nach Tibet drangen, kam es in Zentraltibet in den dreißiger Jahren des 13. Jahrhunderts zu diffusen Ängsten vor einer mongolischen Invasion, so daß der Taglungpa Rinchengön (1190–1236) die Bevölkerung mit der Prophezeiung, die Mongolen würden nicht nach Tibet einfallen, beruhigen mußte.[41]

Der Mongoleneinfall von 1240

1239 erhielt Göden, der zweite Sohn des Ögedei Khan, als fürstliche Apanage (mongolisch *qubi*) ein großes Gebiet am Kökenor mit Zentrum in Liangzhou. Die nördliche Seidenstraße verlief am Rand von Gödens Territorium, und das alte tibetische Fürstentum von Tsongkha lag in unmittelbarer Nachbarschaft. Damit rückte Tibet das erste Mal in den Blickpunkt der Mongolen, denen sich plötzlich eine weitere Möglichkeit zur territorialen Expansion bot. Im darauffolgenden Jahr entsandte Göden eine militärische Vorhut nach Zentraltibet, dem ein von dem Heerführer Dorda angeführtes Truppenkontingent folgte. Beide Kampagnen wurden mit dem Ziel der Eroberung Tibets durchgeführt. Die Mongolen, so heißt es später in einem tibetischen Geschichtswerk, «verursachten in Reting großen Schaden. Sie brannten den Tempel von Gyel nieder. Sie töteten 500 Ordinierte, Mönche, Lehrer und andere.»[42]

Der Zeitpunkt der mongolischen Überfälle war für Zentraltibet äußerst ungünstig, da das Land durch innere Unruhen erschüttert war, bei denen einzelne Fürsten und Klöster um die politische Vormachtstellung kämpften. Dragpa Jungne (1175–1255) von Drigung schlug in dieser Situation dem mongolischen Heerführer vor, den Sakya Pandita Künga Gyeltsen als Vermittler und Repräsentanten der tibetischen Fürsten nach Liangzhou «einzuladen». Wie es zu diesem Vorschlag kam, ist unklar. Möglicherweise kamen die tibetischen Fürsten aufgrund der militärischen Bedrohung durch die Mongolen überein, Verhandlungen mit ihnen aufzunehmen, und wählten zu diesem Zweck einen Ansprechpartner aus ihren Reihen, der religiöse und politische Autorität in Tibet genoß. Die Vermittlerrolle in Streitigkeiten entspricht dem Rollenverständnis eines tibetisch-buddhistischen Geistlichen, der aufgrund seiner religiösen Position zur politischen Neutralität verpflichtet ist, und ist in den Quellen gut belegt. Der Sakya Pandita wurde nach der Empfehlung des Dragpa Jungne an das Hoflager Gödens zitiert. Das in den tibetischen Quellen verwendete Wort «Einladung» ist ein Euphemismus, denn dem Befehl des Khans konnte man sich nicht widersetzen.

Sakya Pandita begab sich in Begleitung seiner zwei Neffen Phagpa und Chagna Dorje auf die lange Reise nach Liangzhou. Im 8. Monat des Jahres 1246 kam er in Liangzhou an, traf mit dem Khan Göden jedoch erst im ersten Monat des Jahres 1247 zusammen. Dieses Datum markiert den Beginn der religionspolitischen Beziehungen zwischen den Sakyapa und den Mongolen, die in der Folge die tibetische Geschichte ein Jahrhundert lang maßgeblich bestimmen sollten.

Die Eingliederung Tibets in das mongolische Weltreich

Das Treffen mit Göden führte zur Eingliederung Tibets in das mongolische Weltreich, die im wesentlichen ohne militärische Gewalt durch eine Reorganisation der Verwaltung Tibets erfolgte.

Die Administration Tibets stellte die Mongolen jedoch vor eine bisher nicht gekannte Herausforderung. Gewöhnlich gingen sie bei ihrer territorialen Expansion von der Existenz einer politischen Zentralgewalt in Gestalt eines Landesfürsten in den unterworfenen Gebieten aus, den sie als ihnen untergeordneten Fürsten kommissarisch zur Administration der eroberten Gebiete einsetzten und so ihre Herrschaft konsolidierten. Das große, schwer zugängliche Tibet war jedoch politisch zersplittert und besaß keine politische Zentralgewalt. Daher griffen die Mongolen auf einen religiösen Führer zurück, der die tibetischen Fürsten in ihrer Gesamtheit repräsentieren und für den mongolischen Khan die Unterwerfung der verschiedenen tibetischen Lokalfürsten garantieren sollte.

Die politisch-administrativen Resultate des Treffens zwischen Göden Khan und Sakya Pandita wurden in einem in das Jahr 1249 datierten Brief, den der Sakya Pandita an die Fürsten Tibets richtete, dokumentiert. Der Tibetologe Luciano Petech hat ihn treffend als «politisches Manifest» bezeichnet. Im ersten Teil wird der Sakya Pandita als der Repräsentant der Fürsten Tibets anerkannt. Ihm obliegt jedoch nur die Entscheidungsbefugnis über religiöse Angelegenheiten, während Göden Khan für sämtliche politische Entscheidungen zuständig ist. Im zweiten Teil beklagt sich Göden darüber, daß die mongolische Oberherrschaft zwar seit 1240 anerkannt wurde, die verschiedenen lokalen Fürsten jedoch nicht zur Audienz beim Khan erschienen und auch nur wenig Tributzahlungen entrichteten. Der dritte Teil ist der politisch wichtigste, da er die Anweisungen zur zukünftigen Administration Tibets enthält. Die mongolische Souveränität äußerte sich zuerst in dem formalen Akt der Neuernennung der weltlichen und geistlichen Lokalfürsten durch Göden Khan, die in ihren Ämtern bestätigt wurden. Die Gesandten (*gser-yig-pa*) der Sakyapa, die die mongolischen Befehle und Botschaften den Lokalfürsten übermittelten, wurden als *darughachi* eingesetzt, die die lokale Administration gemäß dem von nun an in Tibet allein verbindlichen mongolischen Recht (*hor-gyi-khrims-lugs*) überwachten und auch die Steuer-

und Tributleistungen kontrollierten. Ausdrücklich wird darauf hingewiesen, daß die Gesandten der Sakyapa ihre Stellung nicht zu ihrem eigenen Vorteil ausnutzen sollten. Des weiteren wird die Durchführung einer Volkszählung angekündigt, zu der es jedoch nicht kam. Der vierte Teil des Briefs enthält neben der Empfehlung des Sakya Pandita an die lokalen Fürsten Tibets, die Oberherrschaft der Mongolen zu akzeptieren, eine genaue Spezifizierung, welche lokalen Produkte als Tribut abzuliefern seien. In dem Schreiben wurden die Sakyapa als alleinige Repräsentanten der mongolischen Herrscher in Tibet eingesetzt. Der Thronhalter von Sakya nahm die Position des Landesfürsten ein, wie dies mongolischer Praxis in den unterworfenen Ländern entsprach. Schon die nächsten Jahre sollten jedoch zeigen, daß die politische Rolle der Sakyapa keinesfalls festgeschrieben war, sondern von dem mongolischen System der herrscherlichen Apanagen abhängig war, die von dem jeweiligen Großkhan bestimmt wurden. Mit dem Tod Güyük Khans im Jahr 1248 und der Wahl Möngkes zu seinem Nachfolger im Jahr 1251 änderte sich auch die Tibetpolitik der Mongolen.

Von den folgenden Ereignissen wissen wir nur aus tibetischen Quellen, die die administrativen Umstrukturierungen aus einer buddhistischen religionspolitischen Perspektive interpretieren und darstellen. Unmittelbar nach seiner Wahl zum Großkhan verteilte Möngke Khan demnach die tibetischen Territorien an Mitglieder der mongolischen Herrscherfamilie. Dies bereitete der administrativ-politischen Repräsentanz der Sakyapa in Tibet ein Ende. Im *Gyapö Yigtsang* wird die Restrukturierung Tibets durch das mongolische System der Apanagen, der regelmäßigen Gabe größerer territorialer Einheiten an die Mitglieder des mongolischen Herrschergeschlechts, als Etablierung verschiedener *Yönchö*-Beziehungen zwischen mongolischen Fürsten und den verschiedenen tibetisch-buddhistischen Lehrtraditionen dargestellt. In einer *Yönchö*[43]-Beziehung entrichtet ein weltlicher Fürst, der Laienbuddhist ist, als «Gabenherr» einem Lama eine rituelle Bezahlung (*dbang-yon*) als Entgelt für Belehrungen, den Vollzug von Ritualen oder die Erteilung einer Initiation. Die Bezahlung kann in Naturalien, Gold und anderen Wertgegenständen erfolgen, sie kann aber auch in militärischem Beistand bestehen. Diese Beziehung, die in der buddhistischen Dorfgemeinschaft und der ihr zugeordneten Mönchsgemeinde, dem Kloster, ihr Modell hat, wurde seit dem 14. Jahrhundert von tibetischer Seite als Deutungsmuster für die tibetisch-mongolischen politischen und kulturell-religiösen Beziehungen herangezogen. Der geistliche Part ist in einer *Yönchö*-Beziehung dem weltlichen stets übergeordnet. Das Verhältnis zwischen Tibetern und Mongolen war damit seit dem 14. Jahrhundert von tibetischer Seite durch ein religiös fundiertes Überlegenheitsgefühl bestimmt.

1251 ging Möngke Khan eine *Yönchö*-Beziehung mit den Drigungpa und den Tsang Gurmowa[44] ein, die Sakyapa setzten ihre Beziehung mit Göden fort, Khubilai Khan verband sich mit den Tshelpa, Arik Böge mit den Taglungpa, und die Phagmodrupa kamen unter den «Schutz» des Hülegü,[45] der 1253 die Befehlsgewalt über die in Iran stationierten mongolischen Truppen übernahm. Die Zuteilung von Apanagen an die Mitglieder der mongolischen Herrscherfamilie gewährleistete ihnen ein Einkommen durch Steuer- und Tributeinnahmen sowie Militärdienste, deren Vollzug durch die lokalen Repräsentanten der mongolischen Fürsten überwacht wurde. Die Quellen geben außer für die *Yönchö*-Beziehung zwischen Hülegü und den Phagmogrupa keine Auskünfte über die Funktionsfähigkeit des Systems. Hülegü ließ die Verbindung zu den Phagmodrupa auch nicht abreißen, als er schon im Gebiet des heutigen Iran stationiert war. Er sandte wiederholt Geschenke an den Abt der Phagmodrupa. Seine Nachfolger, die Ilkhane, folgten derselben Politik und errichteten sogar buddhistische Tempel in Iran. Vom Khan Arghun wird berichtet, daß er sich mit buddhistischen Mönchen umgab, unter ihnen einige Tibeter. Nach seinem Tod nahmen die Ilkhane jedoch den Islam an, und 1295 begann die Unterdrückung des Buddhismus in Iran, der auch die buddhistischen Tempel zum Opfer fielen.

Arik Böge verlor seine Apanage in Tibet im Zuge der internen mongolischen Auseinandersetzungen um die Nachfolge Möngke Khans, die Khubilai Khan 1264 für sich entschied.

Das System der Apanagen mußte ohne militärischen Druck ineffizient bleiben. Möngke Khan entsandte daher in den Jahren 1252 und 1253 zwei militärische Expeditionen nach Tibet, die der Bevölkerung die Präsenz der mongolischen Herrschaft vor Augen führten. Wie groß die Verwüstungen durch die mongolischen Truppen waren, wissen wir nicht.

Über Göden Khan erfahren wir nach 1253 fast nichts mehr, selbst sein Todesdatum ist nicht bekannt.[46] Gödens Apanage wurde nach seinem Tod anscheinend nicht an seine Nachkommen vererbt. Die Sakyapa scheinen in den fünfziger Jahren des 13. Jahrhunderts unter der Herrschaft Möngke Khans keine herausragende Rolle gespielt zu haben. Im Jahr 1252 veröffentlichte Möngke Khan allerdings einen herrscherlichen Erlaß (*ja'-sa-bzang-po*),[47] der neben der üblichen Steuerbefreiung für die buddhistischen Mönche den Klerus sämtlicher tibetischer Traditionen der Verwaltung der Sakyapa unterstellte.[48] Aus dem tibetischen Text des Erlasses geht jedoch nicht klar hervor, ob nur die Mönche von Tsang den Sakyapa unterstellt wurden oder ob sich die Weisung auf ganz Tibet bezog.

Der Aufstieg der Sakyapa unter der Mongolenherrschaft

Die über ein Jahrhundert während Herrschaft der Sakyapa über Zentraltibet ist das Werk Khubilai Khans, dem der Großkhan Möngke die Verwaltung der in Nordchina eroberten Gebiete anvertraut hatte. Khubilai Khan zeigte schon früh Interesse am tibetischen Buddhismus. 1253 bat er Göden, ihm die beiden Neffen des Sakya Pandita, Phagpa und Chagna, nach Osttibet in sein Heerlager zu schicken. Am 27. Mai des folgenden Jahres erließ er im Namen des Großkhans Möngke ein Edikt (*ja'-sa-bod-yig-ma*), das in Übersetzung in einer Reihe von tibetischen Quellen zitiert wird. In der tibetischen Geschichtsschreibung wird behauptet, das Edikt bestätige die Herrschaft der Sakyapa über die dreizehn Verwaltungsdistrikte (*khri-skor*) von Ü und Tsang. Das Dokument enthält jedoch lediglich einen Erlaß zur Befreiung von Steuern und Militärdienst für die Sakyapa-Mönche. Zur selben Zeit gewährte Khubilai dem Nyingmapa «Schatzfinder» Sur Shakya Ö ebenfalls die Befreiung von Militärdienst und Steuern für die Tantriker von Ü und Tsang. Solche Steuerbefreiungserlasse wurden seit Chinggis Khan für die Geistlichen aller im mongolischen Weltreich ansässigen Religionen gewährt.

Phagpa war seit 1255 der bevorzugte tibetische Geistliche Khubilais, obwohl zeitweilig auch die Karmapa die Gunst des Herrschers genossen. Karma Pakshi, der zweite Hierarch der Tradition, wurde von Khubilai in sein Lager in Amdo eingeladen, verärgerte jedoch den Mongolen durch seine plötzliche Abreise nach Karakorum an den Hof des Großkhans. 1258 erteilte Phagpa Khubilai Khan die ersten tantrischen Initiationen. Seine Stellung bei Khubilai Khan läßt sich daraus ersehen, daß Khubilai im Jahr 1264, als er die Nachfolge Möngke Khans als Großkhan antrat, Phagpa zum «Nationalen Lehrer» (chinesisch *guoshi*) und damit zum Oberhaupt des buddhistischen Klerus im ganzen mongolischen Reich ernannte. Karma Pakshi hingegen wurde unter dem Vorwand, er hätte Khubilais politischen Gegenspieler Arik Böge unterstützt, festgenommen und für acht Jahre nach Südchina verbannt. Damit war ein potentieller politischer Rivale der Sakyapa ausgeschaltet. Phagpa wurde noch im selben Jahr nach Tibet entsandt, tibetischen Quellen zufolge ausgestattet mit der säkularen Autorität über Tibet, die durch das berühmte «Perlen-Edikt» (*'ja'-sa-mu-tig-ma*), das am 28. Mai 1264 in der Sommerresidenz von Shangdu von Khubilai erlassen worden war, begründet wurde. Obwohl die tibetischen Chroniken, die sich auf das Edikt berufen, betonen, daß Phagpa als Repräsentant der mongolischen Herrscher über die drei Regionen von Tibet eingesetzt wurde, enthält auch dieses Edikt nur die Bestätigung der Steuer- und Tributbefreiung für den tibetischen Klerus. Darüber hinaus wurde der Klerus von der Verpflichtung, Kost und Logis für die mongolischen Abgesandten zur Verfügung zu stellen, befreit. Die tibetische Auslegung des Dokuments ist aber zumindest insofern berechtigt, als seit 1264 Sakyapa-Verwaltungsbeamte in jeder der drei Regionen Tibets stationiert waren.

Noch vor der Abreise Phagpas in seine Heimat brach im Jahr 1263 ein mongolisches Truppenkontingent in Richtung Tibet auf. Die Annalen der Yuan[49]-Dynastie berichten, daß der mongolische General Qongridar 1264 Amdo eroberte und «befriedete». Die Mongolen drangen jedoch anscheinend nicht bis Ü-Tsang vor, was man in Tibet auf die Rituale zur «Abwehr der Mongolen» (*hor-bzlog*) zurückführte, die der Abt des Klosters Taglung, Sanggye Yajön, und andere vollzogen.

Während der Abwesenheit Sakya Panditas und später Phagpas lag die Verwaltung von Sakya in den Händen des Verwalters Shakya Sangpo, der auch als zeitweiliger Abt eingesetzt war. Mit der Rückkehr Phagpas endete dieses Amt, Shakya Sangpo wurde aber im Jahr 1265 zum *Pönchen*, «großen Beamten», befördert. Dem Pönchen oblag die säkulare Verwaltung des autonomen Distrikts von Sakya, während der «Thronhalter», der Abt des Klosters Sakya, für die religiösen Belange zuständig war. Shakya Sangpo war maßgeblich für die Errichtung des Lhakhang Chenmo, des Südtempels von Sakya verantwortlich, der der Sitz der mongolischen und der Sakya-Verwaltung während der Yuan-Zeit (1280–1368) wurde. Dem Pönchen stand Phagpas Bruder Chagna Dorje zur Seite. Dieser war am Hoflager Gödens aufgewachsen und hatte die Tochter des Khans geheiratet. Khubilai Khan sandte ihn um das Jahr 1264 nach Tibet zurück. Seine politische Stellung in Tibet bleibt jedoch unklar. Nach Chagna Dorjes frühem Tod im Jahr 1267 brachen Unruhen in Tibet aus, die sich vor allem gegen die Vorherrschaft der Sakyapa richteten und von den Drigungpa geschürt wurden. Khubilai Khan reagierte schnell und entsandte noch im selben Jahr Truppen, die den lokalen Aufstand niederschlugen. Im Gefolge der Unruhen errichtete Khubilai Khan eine neue Verwaltungsstruktur in Tibet, die die Konsolidierung der mongolischen Herrschaft durch die lokale Herrschaft der Sakyapa gewährleistete. Das Jahr 1268 kann daher als der Beginn der effektiven Herrschaft der Sakyapa in Zentraltibet als Exekutivorgane der Mongolenherrscher angesehen werden.

Phagpa wurde noch im gleichen Jahr von Khubilai Khan zurück nach Dayidu, dem heutigen Peking, gerufen. Auf die Bitte des Herrschers entwickelte er auf der Grundlage des tibetischen Alphabets eine neue Schrift für das Mongolische und Chinesische, die sogenannte *Phagpa*-Schrift. Sie wurde 1269 offiziell zur nationalen Schrift erklärt und bis zum Ende der Yuan-Dynastie in offiziellen Dokumenten benutzt. Weitere Verbreitung hat sie jedoch nie gefunden. 1270 wurde das Amt des *Dishi*, «kaiserlichen Lehrers», eingerichtet. Die kaiserlichen Lehrer hatten Residenzpflicht in dem Kloster Metog Rawa in Peking. Phagpa wurde als erstem der Titel des *Dishi* verliehen, aber er hatte das Amt nur drei Jahre inne. 1274 trat er zugunsten von Rinchen Gyeltsen zurück, der als neuer *Dishi* aus Sakya nach Peking berufen wurde.

Phagpas Rückreise nach Sakya war von Unruhen an der tibetisch-chinesischen Grenze in Amdo begleitet, die einen erneuten Einmarsch mongolischer Truppen notwendig machten. Schließlich gelangte Phagpa unter mongolischer Begleitung 1276 nach Sakya, wo er sich die letzten Jahre seines Lebens aufhielt. Am 15. Dezember 1280 starb er, vielleicht durch Gift, das ihm der frühere Pönchen Künga Sangpo verabreichte, den Phagpa 1276 entlassen hatte. Die andauernden internen Streitigkeiten zwischen den einzelnen Adelsfamilien von Sakya führten erneut zu einer militärischen Intervention der Mongolen. Khubilai Khan entsandte 1281 eine Armee von mehr als 7000 Soldaten nach Zentraltibet, die von Sangko, dem Oberhaupt des «Departments für Buddhistische Angelegenheiten», das um 1265 eingerichtet worden war, angeführt wurde. Die Gefangennahme und der Tod Künga Sangpos beendeten die Unruhen schnell, aber dieses Mal zogen sich die Mongolen nicht zurück. Sangko richtete erstmals feste Militärposten in Zentraltibet und an den Grenzen ein. In Sakya wurden 160 mongolische Soldaten postiert, einige hundert Mann wurden an die Westgrenze entsandt, um Einfälle aus Chaghatai abzuwehren, und auch im Süden wurde ein Truppenkontingent stationiert. Die Präsenz mongolischer Truppen sollte für die endgültige Durchsetzung der mongolischen Oberherrschaft und der Sakya-Regierung in Zentraltibet sorgen. Der Aufstand der Drigungpa nur wenige Jahre später zeigt jedoch, daß dies nicht gelungen ist.

Lokale Regierung und Verwaltung während der Yuan-Dynastie

Als *Guoshi* wurde Phagpa die formale Leitung des «Departments für buddhistische Angelegenheiten» (chinesisch *Zongshi yuan*) übertragen, das für den buddhistischen Klerus im gesamten mongolischen Reich zuständig war. Dieses Amt wurde 1288 reformiert und in das «Department für buddhistische und tibetische Angelegenheiten» (chinesisch *Xuanzhen yuan*) umgewandelt, das von dem schon genannten Sangko geleitet wurde. Es war eine der wichtigsten Institutionen im Yuan-Reich und seine Beamten waren mit weitreichenden Vollmachten versehen, die im Fall von Aufständen in Tibet sogar militärische Kompetenzen umfaßten.

Das höchste und prestigereichste Amt in der Verwaltung Tibets war das des *Dishi*, das bis zum Ende der Yuan-Dynastie von Sakyapa-Geistlichen bekleidet wurde, wenn auch nicht immer aus der Khön-Familie. Die Anordnungen des *Dishi* unter der Autorität des mongolischen Herrschers beschränkten sich auf Verwaltungsakte wie die Bestätigung von Ämtern, Privilegien oder Landbesitz. Da er in Peking residierte, war seine Macht eher formaler Natur. Dasselbe gilt für den Abt von Sakya, der lediglich Autorität in religiösen Belangen hatte. Nach Phagpa waren der Abt von Sakya und der *Dishi* stets zwei verschiedene Personen. Die gängige Meinung, der Abt von Sakya sei der säkulare Herrscher von Zentraltibet gewesen, muß daher korrigiert werden.[50]

Tibet war administrativ in drei große Regionen (mongolisch *chölge*, tibetisch *chol-kha*) eingeteilt: Dome, das heutige Amdo und Teile des nördlichen Kham; Do Kham, das heutige Kham; und

Ü Tsang, Zentral- und Westtibet. Die Oberhäupter der regionalen Regierung der drei *Chölkha* waren die Pönchen. Sie waren einem direkt vom «Department für buddhistische und tibetische Angelegenheiten» abhängigen Amt unterstellt, dem die Kontrolle über die tibetischen Lokalregierungen der drei Regionen oblag. Ü Tsang wurde von dem Sakya Pönchen verwaltet, der vom Herrscher ernannt wurde und ein Laie war. Der Pönchen hatte eine Doppelfunktion: einerseits war er oberster Verwaltungsbeamter von Sakya, andererseits außerhalb von Sakya kaiserlicher Beamter von Zentraltibet.

Die Region von Ü Tsang war darüber hinaus in dreizehn einzelne Verwaltungsdistrikte unterteilt, die *Trikor*, «Zehntausendschaften».[51] Ein *Trikor* war einem lokalen Fürsten, dem *Tripön*, unterstellt, der von der Yuan-Regierung ernannt sowie vom *Dishi* bestätigt wurde. Die *Tripön* hatten die tatsächliche politische und administrative Macht in den einzelnen Distrikten inne.

Im Jahr 1268 wurde der erste Zensus durchgeführt, der Zentraltibet und Teile Westtibets umfaßte. Gezählt wurden die Haushalte, die Ackerbau betrieben, während die Nomaden nicht erfaßt wurden. Auf der Grundlage dieses Zensus wurde die Steuerlast berechnet, die in drei Pflichten unterteilt war: Militärdienst, Tribut und Arbeitsdienst (*dmag-khral-las-gsum*). Der Militärdienst wurde äußerst selten in Anspruch genommen, in den Quellen werden nur zwei Gelegenheiten genannt. Der Tribut wurde in Naturalien entrichtet. Der Arbeitsdienst schloß den Postdienst (*'jam*) mit ein. Dieser wurde von den Mongolen gewöhnlich als eine der ersten Verwaltungsinstitutionen in den neu unterworfenen Gebieten installiert. Schon Möngke Khan befahl die Errichtung zweier Poststationen in Amdo, die an die dort schon existierenden chinesischen Poststationen angeschlossen wurden. Der Postdienst in Zentraltibet wurde 1269 eingerichtet. Die wichtigste Route führte von Dayidu nach Sakya und war in 27 Hauptstationen unterteilt, von denen elf in Zentraltibet lagen. In den Poststationen mußten Pferde, Verpflegung, Unterkunft und sogar Kleidung für die Reisenden bereitgehalten werden. Der Postdienst, der in den Zuständigkeitsbereich der einzelnen *Trikor* fiel, stellte eine äußerst harte Belastung für die Bevölkerung dar und trug wesentlich zu ihrer Verarmung bei. Sowohl in den offiziellen Annalen der Yuan-Dynastie als auch in tibetischen Chroniken wird immer wieder berichtet, daß die verarmten Poststationen Sondermittel zugeteilt bekamen, um die größte Not zu lindern. Das während der mongolischen Herrschaft in Tibet errichtete Postsystem funktionierte bis 1959 als Zwangsverpflichtung der Landbevölkerung, die den Regierungsbeamten und anderen Reisenden, die mit einer Erlaubnis (*lam-yig*) der Zentralregierung ausgestattet waren, Unterkunft und Verpflegung zur Verfügung stellen mußte.

Widersacher der Sakyapa: Die Revolte der Drigungpa

Die Herrschaft der Sakyapa war von Beginn an vom Widerstand mächtiger Adelsfamilien begleitet, die mit einzelnen buddhistischen Klöstern eng verbunden waren. Zu den politisch bedeutendsten Widersachern der Sakyapa im 13. Jahrhundert gehörten die Drigungpa, eine der schon erwähnten Untertraditionen der Kagyüpa. Wie in Sakya lagen auch bei den Drigungpa weltliche und geistliche Macht in den Händen eines mächtigen Adelsgeschlechts, den Druggyel Kyura. Während die Äbte von Drigung die religiöse Autorität innehatten, besaß der *Gompa,* dessen Stellung der Position des Pönchen bei den Sakyapa entsprach, die politische und militärische Macht. Nach dem Tod von Chagna Dorje 1267 kam es zu einem von den Drigungpa angeführten Aufstand in Zentraltibet, der aber noch im selben Jahr durch eine mongolische Armee niedergeschlagen wurde. Ihr Widerstand war jedoch nicht gebrochen, wie die Revolte von 1290 zeigt, die trotz der Präsenz mongolischer Truppen in Zentraltibet ausbrach. Leider schweigen die Drigungpa-Quellen über die Ereignisse, die zu dieser Revolte führten. Im Jahr 1285 hatten die Truppen der Drigungpa das Kloster von Jayül zerstört und den Abt getötet. Zwei Jahre später begannen sie einen sich über Jahre hinziehenden Bürgerkrieg, in den auch mongolische Truppen verwickelt waren, da der Gompa von Drigung militärische Hilfe von Töhor, dem Khanat Chaghatai, erbeten hatte. Als die Drigungpa darüber hinaus die Postroute durch ihr Gebiet unterbrachen, wandte sich der Pönchen von Sakya an den Yuan-Herrscher, der umgehend ein großes Truppenkontingent nach Tibet entsandte. Die Drigungpa und die mit ihnen verbündeten Truppen von Töhor erlitten eine vernichtende Niederlage. Das Kloster Drigung wurde gestürmt und niedergebrannt, der Gompa und die meisten Mönche wurden umgebracht. Der Abt von Drigung floh nach Kongpo. In Ü wurde zudem der *Tripön* von Tshelpa, der mit den Drigungpa verbündet war, gefangengenommen und nach Peking gesandt. Trotzdem gelang es dem neuen Gompa nur wenige Jahre später, vom mongolischen Herrscher genügend Geld für den Wiederaufbau des Klosters von Drigung zu erhalten.

Das Konzept der Reinkarnation

Das 13. und 14. Jahrhundert zeichnen sich durch eine Reihe bedeutender Entwicklungen in der tibetisch-buddhistischen Religionsgeschichte aus. Dabei hat die *Tulku*-Vorstellung die politische Geschichte Tibets am nachhaltigsten geprägt. Ein *Tulku* ist ein «Erscheinungskörper» eines Buddha oder Bodhisattva, der sich in einem Jungen, selten in einem Mädchen, manifestiert. Die Vorstellung basiert auf der Mahāyāna-buddhistischen Lehre von den drei Körpern bzw. Existenzweisen des Buddha. Nach dieser Lehre kann sich der Buddha jederzeit in einer menschlichen Form als «Erscheinungskörper» zeigen. So galt schon der Sakyapa-Gelehrte Sachen Künga Nyingpo im 12. Jahrhundert als eine Emanation des Bodhisattvas Mañjushrī. Darüber hinaus wird mit dem Begriff *Tulku* aber auch die Vorstellung von der «Wiedergeburt», *Yangsi*, einer historischen Persönlichkeit, meistens eines verstorbenen Lamas, verbunden, die den persönlichen Besitz (*bla-brang*), das Amt und den Status seines Vorgängers erbt. Solche Wiedergeburten werden durch ein kompliziertes Verfahren nach dem Tod des Vorgängers entdeckt und bestätigt. Das Konzept des *Yangsi*, gewissermaßen die Historisierung der *Tulku*-Vorstellung, ist das erste Mal im 13. Jahrhundert bei den Karmapa historisch belegt. Karma Pakshi, der Nachfolger des Begründers der Karmapa-Tradition, wurde als dessen Wiedergeburt anerkannt. Schon bald übernahmen die anderen Lehrtraditionen das *Yangsi*-Konzept. Oft werden auch die Vorstellungen von der Emanation eines Buddhas oder Bodhisattvas und der Wiedergeburt miteinander verbunden, so in der Person des Dalai Lamas, der die Emanation des Bodhisattvas Avalokiteshvara und zugleich die Wiedergeburt des 13. Dalai Lamas ist.

Das *Yangsi*-Konzept löste in den einzelnen Lehrtraditionen allmählich die Familiensukzession ab, so daß heute nur noch die Sakyapa an der familiären Deszendenz festhalten. Das Konzept ist jedoch anfällig für politische Manipulation, wie im Kapitel über die Dalai Lamas zu zeigen sein wird.

Die Kanonisierung religiöser Autorität

In die Zeit der mongolischen Oberherrschaft fällt ein für die tibetische Kultur- und Religionsgeschichte bedeutsames Ereignis: die Zusammenstellung der aus dem Sanskrit übersetzten buddhistischen Schriften zu einem für die tibetisch-buddhistischen Lehrtraditionen autoritativen Kanon. Die Geschichte der tibetischen Übersetzungen buddhistischer Schriften aus dem Indischen, aber auch aus anderen Sprachen wie dem Chinesischen oder Khotanesischen, beginnt mit der Einführung der Schrift im 7. Jahrhundert und setzt sich bis zum Ende der Yarlung-Dynastie fort. Schon damals wurden Listen der übersetzten Texte angefertigt. Mit dem Beginn der «späteren» Verbreitung wurde die Übersetzungstätigkeit wieder aufgenommen. Man sammelte und katalogisierte zunächst die übersetzten Schriften in verschiedenen Klöstern des Landes, faßte sie aber noch nicht zu einem verbindlichen Kanon zusammen. Der Prozeß der Kanonisierung setzte erst ein, als die Mönche des Kadampa-Klosters Narthang nach 1310 eine umfangreiche Sammlung von Schriften zusammenstellten und Abschriften von diesen an andere Klöster verteilten. Die *Kanjur* genannte Sammlung der autoritativen Worte des Buddha wurde von 1347 bis 1351 im Kloster Tshel Gungthang in Ü einer gründlichen Revision unterzogen. Hierfür stellte der *Tripön* von Tshel, Tshelpa Künga Dorje (1309–1364), Geld zur Verfügung. Eine weitere, von der Tshelpa-Version abweichende Edition wurde in Zhalu in Tsang erstellt. Schon die Entstehungsgeschichte des tibetischen buddhistischen Kanons verdeutlicht damit einen wichtigen Unterschied zu den Kanones der großen vorderorientalischen Religionen, die einen nicht veränderbaren, fixierten Textbestand aufweisen. Das tibetisch-buddhistische Kanonverständnis ist ein offenes, das heißt, es gibt verschiedene, voneinander abweichende Editionen, die einen unterschiedlichen Textbestand und unterschiedliche Textanordnungen haben können. An der Erstellung des *Kanjur* und des *Tanjur*, der ebenfalls autoritativen Sammlung der Kommentare zum *Kanjur*, war der berühmte Gelehrte Butön (1290 –1364) maßgeblich beteiligt. Der *Kanjur* wurde erstmals im Jahr 1411 in Peking unter dem Yunglo-Kaiser der Ming-Dynastie gedruckt, der *Tanjur* erst im Jahr 1724, ebenfalls in Peking.

Kanjur und *Tanjur* werden in allen tibetisch-buddhistischen Lehrtraditionen als autoritativ anerkannt. Die Nyingmapa haben darüber hinaus die «alten» Tantras, die auf die Zeit der «frühen» Verbreitung zurückgehen, ebenfalls in einer kanonischen Sammlung, dem *Nyingma Gyübum*, kodifiziert. Neben den Nyingmapa besitzen auch die Bönpo eigene kanonische Textsammlungen.

In einer kultursoziologischen Perspektive stellt Kanonisierung die Selbst-Interpretation einer Kultur dar, indem einzelne ihrer Segmente normativ hervorgehoben werden und die Kultur in ihrer Gesamtheit repräsentieren sollen. Solche Kanonisierungsprozesse werden immer dann in Gang gesetzt, wenn die kulturelle Identität einer Gemeinschaft durch äußere Ereignisse in Frage gestellt wird und neu konstituiert werden muß. Daher erstaunt es nicht, daß die großen Kanonsammlungen des tibetischen Buddhismus zur Zeit der mongolischen Fremdherrschaft im 14. Jahrhundert entstanden sind. Die Kanonisierung des religiösen Schrifttums hat entscheidend zur Herausbildung einer homogenen kulturellen und religiösen Selbstwahrnehmung der Tibeter als des Volks beigetragen, das die authentische Buddha-Lehre in ihrer Reinheit bewahrt und damit Indien als «heiliges Land» des Buddhismus abgelöst hat.

Reaktionen auf die Mongolenherrschaft

Die politische Situation im 13. und 14. Jahrhundert war gekennzeichnet durch ständige militärische Auseinandersetzungen zwischen einzelnen lokalen Adelsfamilien, durch den Einfall fremder Truppen, die beträchtliche Verwüstungen anrichteten, und durch ein Steuer- und Tributsystem, das die Verarmung eines großen Teils der Bevölkerung nach sich zog. Obwohl Tibet im Vergleich zu den meisten anderen von den Mongolen unterworfenen Gebieten einen geringen Blutzoll zu entrichten hatte, hat die Mongolenherrschaft das kulturelle Gedächtnis der Tibeter zutiefst geprägt. Die Furcht, in der die Tibeter des 13. und 14. Jahrhunderts gelebt haben, spiegelt sich in der neu entstehenden literarischen Gattung der *neyig* oder *lamyig* wieder, der «Wegführer» zu den sogenannten *Beyül*, verborgenen Tälern und Regionen an den südlichen Hängen des Himalaya, die in Zeiten der Not von auserwählten spirituellen Führern geöffnet werden und den Menschen als Zufluchtsorte dienen. Diese Texte, deren Entstehung bis ins 14. Jahrhundert zurückverfolgt werden kann, gehören zur «Schatz»-Literatur der Nyingmapa. In fast jedem von ihnen finden wir Anspielungen auf die Präsenz der Mongolen in Tibet, die zur Zeit des Niedergangs der buddhistischen Lehre in Beziehung gesetzt wird. In einem Führer in das verborgene Tal von Khenpalung (wahrscheinlich im heutigen Nepal gelegen) wird als eine von drei Bedingungen, ein verborgenes Land zu «öffnen», der Einfall mongolischer Truppen in Tibet genannt.[52] In den verborgenen Tälern können die Menschen Zuflucht vor den Mongolen und ihrer Grausamkeit finden, die für den Beginn einer «Buddha-losen» Zeit steht. Die verborgenen Täler, die in den *Lamyig* als inmitten einer Wildnis gelegene paradiesische Gartenlandschaften geschildert werden, können als Gegenentwurf zu einem von Mongoleneinfällen verwüsteten Tibet verstanden werden. Zugleich verdeutlichen sie, wie sehr das tibetische Kulturkonzept räumlich geprägt ist. «Kultur» bedeutet stets die Aneignung des Raumes und seine Verwandlung von einer «ungezähmten» Wildnis in gestaltete Landschaft. Dies ist eng mit einer religiösen Vorstellung verbunden: «Kultur» besitzt, wer Buddhist ist. Daher waren die mongolischen Eroberer vor ihrer Bekehrung zum Buddhismus in den Augen der Tibeter «unkultiviert».

Tibetische Unabhängigkeitsbestrebungen: Der Aufstieg der Phagmodrupa

Der Niederschlagung der Revolte von Drigung folgte eine Periode der inneren Stabilisierung. Nach dem Tod des Phagpa war die Abtwürde von Sakya auf den Sohn von Chagna übergegangen. Er starb 1287 und hinterließ keine männlichen Nachkommen. Der einzige Nachkomme der Khön-Familie, der 1262 geborene Zangpo Pel, wurde 1282 vom Yuan-Herrscher nach Südchina verbannt, da Zweifel an seiner legitimen Abstammung aufgekommen waren. Er wurde erst von Khubilai Khans Nachfolger rehabilitiert und per kaiserlichem Dekret als Neffe Phagpas und legitimer Erbe des Abtthrons von Sakya anerkannt. In dem Dekret wurde Zangpo Pel auch aufgefordert, die Fortdauer seiner Linie zu sichern, weshalb ihn der Herrscher ohne Umschweife mit einer kaiserlichen Prinzessin verheiratete. Der Aufforderung kam Zangpo Pel mit großem Eifer nach und zeugte mit ihr und weiteren Ehefrauen insgesamt dreizehn Söhne. Als er im Jahr 1323 starb, hinterließ er ein schwieriges Erbe, das entscheidend zur Schwächung und schließ-

94

lich zum Untergang der Sakyapa als Lokalherrscher von Zentraltibet beitrug. Von seinen dreizehn Söhnen lebten noch elf. Seinem zweiten Sohn, der 1315 zum *Dishi* ernannt worden war, fiel die undankbare Aufgabe zu, die Nachfolge zu klären. Da keiner der Söhne auf seinen Erbanspruch verzichten wollte, teilte er im Jahr 1324 das Fürstentum von Sakya in vier Residenzen (*bla-brang*) auf. Jede der Residenzen hatte ihr eigenes Zentrum, der Abt von Sakya bekleidete lediglich einen Ehrenrang. Die Zersplitterung der Zentralgewalt von Sakya hatte weitreichende Folgen, da die *Tripön* in Zentraltibet immer weniger zur Unterwerfung bereit waren, wodurch schließlich die Sakya-Herrschaft zu Fall gebracht wurde.

Die zentrale Rolle beim Sturz der Sakyapa spielten der aus Nordosttibet stammende Lang-Klan und die mit ihm verbundenen Phagmodrupa. Die *Tripön* von Phagmodru, die seit der zweiten Hälfte des 13. Jahrhunderts von Mitgliedern des Lang-Klans gestellt wurden, residierten in Nedong im Yarlung-Tal, während das Kloster Densathil das religiöse Zentrum bildete. Das Gebiet von Phagmodru, das zur Apanage des mongolischen Khans Hülegü gehörte, erstreckte sich ursprünglich über ein riesiges Territorium vom unteren Yarlung-Tal bis in den Westen Tibets. Durch geschickte politische Manöver gelang es jedoch den Sakyapa und Drigungpa, Teile dieses Gebiets für sich zu beanspruchen. Zudem litten die Phagmodrupa zu Beginn des 14. Jahrhunderts unter einer Reihe unfähiger und korrupter *Tripön*, die nicht in der Lage waren, die Gebietsverluste aufzuhalten. Das Blatt wendete sich erst mit der Ernennung von Changchub Gyeltsen (1302–1364) aus dem Lang-Klan zum *Tripön* im Jahr 1322, der sogleich den Kampf um die Wiedergewinnung der verlorenen Territorien aufnahm. In der Hauptsache ging es um die an Goldvorkommen reichen Gebiete von Drigu und Tsepong, die sich die *Tripön* von Yasang unrechtmäßig angeeignet hatten. Der Streit zog sich die nächsten Jahrzehnte hin. Am 23. August 1346 kam es zu offenen Kampfhandlungen. Den Truppen der Yasangpa, die Phagmodru angriffen, wurde von Changchub Gyeltsen eine vernichtende Niederlage bereitet. Die Situation spitzte sich so weit zu, daß der Sakya-Pönchen sich zugunsten von Yasang einschaltete und Changchub Gyeltsen in Gewahrsam nahm, folterte und demütigte. Der zuvor lokale Konflikt wurde nun zu einem Konflikt zwischen dem Pönchen von Sakya und dem *Tripön* Changchub Gyeltsen, der der Rebellion gegen die Zentralregierung beschuldigt wurde. Der Pönchen zog ein großes Truppenkontingent, bestehend aus Mongolen und Tibetern, zusammen und belagerte im August 1348 die Festung von Möngar. Es kam zur entscheidenden Schlacht zwischen den beiden Kontrahenten, die mit einem Sieg der Phagmodrupa endete. In den folgenden Jahren befand sich Zentraltibet dauerhaft im Bürgerkrieg. Zuerst wandte sich Changchub Gyeltsen gegen die Tshelpa, die in der ersten Hälfte des 14. Jahrhunderts neben den Phagmodrupa und den Drigungpa eine wichtige politische Rolle in Zentraltibet spielten. Sie kapitulierten 1350, und Lhasa, das einen Teil des Tshelpa-*Trikor* gebildet hatte, geriet unter die Herrschaft der Phagmodrupa. Nach diesem Sieg kam es zu militärischen Auseinandersetzungen mit den Drigungpa, die erst drei Jahre später zugunsten der Phagmodrupa entschieden wurden. 1353 befand sich Zentraltibet endgültig in ihrer Gewalt, und ein Jahr später unterwarf sich ihnen auch der Pönchen von Sakya. Obwohl *de iure* die Macht weiterhin bei den Sakyapa als lokalen Vertretern der Yuan-Dynastie lag, war sie *de facto* in die Hände der Phagmodrupa übergegangen.

Die militärische und politische Macht der Sakyapa konnte nur zerfallen, weil die Yuan-Dynastie in China innenpolitisch geschwächt war und ihr die Kontrolle über die Außenprovinzen ihres Reichs immer mehr entglitt. Einen Versuch, sich über die Ereignisse in Zentraltibet zu informieren und vielleicht zu intervenieren, stellte die kaiserliche Mission dar, die 1350 nach Tibet entsandt wurde. Sie bestand aus einem kaiserlichen Prinzen und einem Präsidenten des «Departments für buddhistische und tibetische Angelegenheiten». Obwohl die Vermittlungsversuche erfolglos waren, erkannte Changchub Gyeltsen formell stets die mongolische Oberherrschaft an. Diese Politik wurde von seinen

Nachfolgern bis zum Ende der Yuan-Dynastie 1368 fortgesetzt. Changchub Gyeltsen begann jedoch, die administrativen Strukturen zu verändern. Das Amt des *Tripön* wurde zunehmend durch ein Netzwerk von lokalen Verwaltern (*rdzong-dpon*) neuer administrativer Einheiten, der *Dzong,* ersetzt. Diese Ämter wurden später erblich, so daß sich eine neue Aristokratie neben den *Tripön* herausbildete. Darüber hinaus setzte Changchub Gyeltsen die mongolische Rechtsprechung aus und führte das tibetische Recht, das traditionell auf Songtsen Gampo zurückgeführt wird, wieder ein. Diese Rechtsprechung wurde mit einigen Modifikationen bis ins 20. Jahrhundert angewandt.

Zu Neujahr 1357 erreichten kaiserliche Gesandte aus Peking Tibet, in ihrem Gepäck einen Erlaß, der Changchub Gyeltsen den Rang und das Siegel eines Tai Situ verlieh. Der Titel stellte die offizielle Anerkennung der politischen Position der Phagmodrupa durch den Yuan-Kaiser dar und legitimierte die neue Regierung. Der Titel und die Herrschaft über die drei *Chölkha* von Tibet wurden 1365 vom Yuan-Kaiser bestätigt. Damit war die Sakya-Herrschaft über Tibet zu ihrem Ende gekommen.

4. Die Epoche der Dalai Lamas (15.–19. Jahrhundert)

Tsongkhapa und die Gelugpa

In der ersten Hälfte des 14. Jahrhunderts hatte die Bevölkerung Zentraltibets unter den immer wieder aufflammenden Kämpfen zwischen den verschiedenen Adelsfamilien und den mit ihnen verbündeten religiösen Lehrtraditionen gelitten. Die tibetischen Chronisten erwähnen den Verlust an Menschen- und auch Tierleben, da die militärischen Scharmützel stets von Plünderungen und Brandschatzungen begleitet waren. Mit dem Beginn der Phagmodru-Herrschaft beruhigte sich die Lage zwar etwas, aber auch unter den Nachfolgern von Changchub Gyeltsen kam es immer wieder zu Auseinandersetzungen und wechselnden Bündnissen zwischen Sakyapa, Drigungpa und Phagmodrupa. Die politische Zentralgewalt war unter den *Gongma*, den Phagmodru-Herrschern von Nedong, relativ schwach ausgeprägt. Nichtsdestotrotz waren die achtzig Jahre der Phagmodru-Herrschaft in Tibet, verglichen mit den letzten Jahren der Yuan-Dynastie und der im späten 15. Jahrhundert einsetzenden Periode der Bürgerkriege, eine Epoche relativer politischer Stabilität. Sie trug sicherlich dazu bei, daß sich in dieser Zeit eine neue religiöse Bewegung herausbildete, die zur politisch bedeutendsten tibetisch-buddhistischen Lehrtradition aufstieg und in der Gestalt der Dalai Lamas das politische Schicksal des Landes bis heute prägt.

Tsongkhapa Lobsang Dragpa (1357–1419), in der Sekundärliteratur oft als eine Art «Luther» des tibetischen Buddhismus charakterisiert, wurde im Nordosten Tibets, in Amdo, geboren. Er studierte in Zentraltibet bei den führenden Lamas seiner Zeit und versuchte, in Anlehnung an Atisha die buddhistische Praxis zu reformieren. Seine Gelehrsamkeit und mönchische Disziplin brachten ihm schon bald eine wachsende Schar von Anhängern unter den Laien und dem Klerus ein. Gleichzeitig verstand er es, sich des Beistands wichtiger weltlicher Persönlichkeiten seiner Zeit zu versichern, so des Phagmodrupa-*Gongma* und dessen lokalen Vertreters in Kyishö. Mit ihrer Unterstützung konnte er im Jahr 1409 das Kloster Ganden bei Lhasa gründen. Es wurde die Residenz des *Tri Rinpoche*, des Oberhauptes der sich nach Tsongkhapas Tod formierenden neuen Lehrtradition der *Gelugpa*, der «mit Tugend Versehenen». Tsongkhapa führte im Jahr der Gründung von Ganden auch die Tradition des «Großen Bittgebets», *Mönlam Chenmo*, ein, das im Anschluß an die Neujahrsfeierlichkeiten bis heute abgehalten wird und Pilger aus der ganzen tibetisch-buddhistischen Welt anzieht.

1416 gründete Jamyang Chöje, einer der bedeutendsten Schüler Tsongkhapas, etwa zehn Kilometer westlich von Lhasa das Kloster Drepung, dessen wichtigster weltlicher Gönner der Lokalfürst von Gyantse war. Nur drei Jahre später gründete ein weiterer Schüler des Tsongkhapa, Chamchen Chöje, das Kloster Sera. Ganden, Drepung und Sera wurden als die «Drei Residenzen» (*gdan-sa-gsum*) berühmt und dienten seit dem 17. Jahrhundert als Ausbildungsstätten des Gelugpa-Klerus im gesamten tibetisch-buddhistischen Kulturraum. Die Errichtung der drei Klöster bei Lhasa legte darüber hinaus den Grundstein zu der wachsenden Bedeutung von Lhasa, das zuerst zum religiösen Zentrum und seit dem 17. Jahrhundert auch zum politischen Zentrum von Zentraltibet wurde.

Beziehungen zu China während der Ming-Dynastie

Tsongkhapa erreichten mehrere Einladungen des Ming-Kaisers nach Peking. Er selbst nahm keine an, entsandte aber Chamchen Chöje, der vom Kaiser Ehrentitel verliehen bekam. Reisen tibetischer Geistlicher nach Peking und Titelverleihungen an tibetische Lamas bildeten zwei wichtige Eckpfeiler der chinesisch-tibetischen Beziehungen während der Ming-Dynastie, die die Fremdherrschaft der mongolischen Yuan-Dynastie in China 1368 abgelöst hatte. Sie müssen im Kontext der traditionellen chinesischen Politik interpretiert werden und bedeuten keinesfalls eine chinesische Oberherrschaft in Tibet. Diplomatische Beziehungen zu anderen Ländern wurden von China stets als Tributbeziehungen definiert, ausländische Gesandtschaften als Tributbringer betrachtet, deren Geschenke die Anerkennung der Oberhoheit des chinesischen Kaisers signalisierten. Im Austausch für den so geleisteten «Tribut» vergaben die chinesischen Kaiser Ehrentitel und großzügige Geschenke. Diese Art von Beziehungen, die die betroffenen Völker oft als reine Handelsbeziehungen auffaßten, wurde bis zum Ende der Qing-Dynastie 1911 gepflegt. Die Völker im Westen und Norden Chinas waren aus wirtschaftlichen Erwägungen an solchen «Tribut»-Beziehungen zu China interessiert, denn der Warenaustausch verlief asymmetrisch: Die Gaben des chinesischen Kaisers waren qualitativ und quantitativ ungleich wertvoller als der geleistete «Tribut».

Schon in den ersten Jahren nach seiner Machtübernahme versuchte der Ming-Kaiser, mit Tibet diplomatische Beziehungen aufzunehmen. Eine Gesandtschaft wurde nach Tibet geschickt, die die tibetischen Fürsten und Geistlichen in ihren Rängen und Titeln, die sie von der Yuan-Regierung erhalten hatten, bestätigte. Den Interpretationsrahmen der tibetisch-chinesischen Beziehungen bildete für die Ming die Tang-Zeit (7.–9. Jahrhundert), als das tibetische Großreich eine der größten Bedrohungen für China gewesen war. Die latente Gefährlichkeit der tibetischen Nachbarn wurde durch die immer wieder aufflammenden Konflikte an der tibetisch-chinesischen Grenze bestätigt. Daher versuchten die chinesischen Herrscher, mit den wichtigsten geistlichen und weltlichen Persönlichkeiten in Tibet Kontakt aufzunehmen und sie sich durch Titelverleihungen und Geschenke gewogen zu machen. Obwohl sie mit Lamas sämtlicher tibetischer Lehrtraditionen

Kontakte pflegten, genossen die Karmapa die besondere Gunst der Ming-Kaiser. Der 5. Karmapa Dezhin Shegpa (1384–1415) reiste zu Beginn des 15. Jahrhunderts nach Peking. Während die chinesischen Quellen die Reise als ein unpolitisches Ereignis behandeln, wird in der tibetischen Chronik «Freudenfest der Gelehrten» berichtet, daß der Ming-Kaiser dem Karmapa-Gelehrten die Herstellung einer *Yönchö*-Beziehung vorschlug, die zur Wiedereingliederung Tibets in das – diesmal – chinesische Reich führen sollte. Er besaß jedoch keinerlei politische Macht, diesen Vorschlag durchzusetzen, und der 5. Karmapa lehnte das Ansinnen ab.

Der Handel spielte während der Ming-Dynastie eine wichtige Rolle in den tibetisch-chinesischen Beziehungen. Schon lange gab es einen regen Warenaustausch von Tee und Pferden an der Grenze zu Amdo. Da die Ming für ihre militärischen Unternehmungen auf die tibetischen Pferde angewiesen waren, war die Nachfrage groß. Versuche der Regierung, den Handel zu monopolisieren, führten zu ausgedehnten Schmuggelunternehmen entlang der Grenze. Pferde wurden jedoch nicht nur gegen Tee gehandelt, sondern auch gegen Salz oder Silber. Die Listen der verschiedenen tibetischen «Tribut»-Missionen an den Hof in Peking führen auch chinesische Stoffe, vor allem Seide, tibetische Ritualgegenstände und Metallwaren als Handelsgüter auf.

Die Fürsten von Rinpung

Tibet erlebte unter einem der Nachfolger des Changchub Gyeltsen, Dragpa Gyeltsen, eine relativ ruhige Periode, die von kulturell-religiösen Unternehmungen wie der Anfertigung eines *Kanjur* in goldener Schrift geprägt war. Außerdem wurden wirtschaftliche Interessen verfolgt. So wurde das tibetische Straßennetz instand gesetzt, um die Bedingungen für den Fernhandel zu verbessern. Dragpa Gyeltsens Tod im Jahr 1432 beendete jedoch die kurze Ruhepause zwischen den ständigen Bürgerkriegen

Die Festung von Shigatse, in einer Aufnahme vor 1950.
Nach 1959 blieben nur wenige Mauerreste von diesem Monument
einer großen Zeit in Tibets Geschichte übrig.

in Zentraltibet. Die Rivalitäten zwischen dem Lang-Klan, der die weltliche Herrschaft in Nedong sicherte, und den Äbten von Densathil und Tsethang, dem im Jahr 1351 von Changchub Gyeltsen gegründeten Kloster, verschärften sich. Zudem betrat ein dritter politischer Mitspieler die Szene, der Fürst von Rinpung, Minister in der Phagmodru-Regierung und durch Heirat mit dem *Gongma* verwandt. 1435 gelang es ihm, Samdrub Tse, das heutige Shigatse, einzunehmen. Damit verloren die Phagmodrupa die Kontrolle über einen Teil von Tsang. Obwohl die Fürsten von Rinpung weder Ü noch Tsang jemals vollständig beherrschten, waren sie bis 1565 die stärkste politische Kraft in Zentraltibet. Aber weder sie noch die ihnen nachfolgenden Fürsten von Tsang vereinten in ihren Familien religiöse und politische Macht, wie dies der Fall bei den Sakyapa und den Phagmodrupa gewesen war, bei denen sowohl klerikale als auch politische Positionen in einer Familie vererbt wurden. Die Machtübernahme der Rinpungpa bedeutete das erste Mal seit dem Ende der Yarlung-Dynastie die Rückkehr zu einer weltlichen Regierung. Aber auch die Rinpungpa suchten sich religiös prestigeträchtige Verbündete. Sie waren zuerst Anhänger der Sakya-Lehrtradition, schlossen sich jedoch später den Karmapa an. Dönyö Dorje, der Neffe des Eroberers von Shigatse und Widersacher der Phagmodru-Herrscher in Nedong, ging eine Allianz mit dem 4. Zhamarpa ein, dem Oberhaupt der «Rothüte», einer Unterschule der Karmapa, und ließ für ihn im Jahr 1490 ein großes Kloster in Yangpachen erbauen, das strategisch günstig an der Route zwischen Lhasa und Shigatse lag und daher den Handel kontrollieren konnte. Neben dem Zhamarpa war Dönyö Dorje auch ein Gönner des 7. Karmapa. 1498 griffen Truppen der Rinpungpa und des Zhamarpa Zentraltibet an und zwangen den Verwalter von Nedong zur Flucht nach Drepung.

Der sich immer stärker zuspitzende Konflikt zwischen den Phagmodrupa und den Fürsten von Rinpung verdeutlicht die in der tibetischen Geschichte so häufige Verwobenheit von religiösen und politischen Interessen. Die Phagmodru-Herrscher erwiesen sich schon früh als eifrige Förderer der neuen Gelugpa-Lehrtradition. Die Gelugpa-Klöster wurden in der ersten Hälfte des 15. Jahrhunderts mit Ausnahme des 1447 in Tsang gegründeten Tashilhunpo, das später der Sitz der Panchen Lamas wurde, stets mit Unterstützung der Phagmodru-Herrscher und mit ihnen verbündeter Adelsfamilien gegründet. Die Fürsten von Rinpung hingegen bemühten sich von Beginn an um eine Allianz mit den Karmapa, wobei sie beiden Zweigen, den «Rothüten» wie den «Schwarzhüten», gleichermaßen Aufmerksamkeit entgegenbrachten. Die Macht und das Prestige der großen Klöster der einzelnen Lehrtraditionen ließen den Klerus zu begehrten Bündnispartnern der weltlichen Aristokratie werden. Teilweise scheint es nicht nur um ideelle Macht gegangen zu sein, sondern um handfeste militärische Allianzen. Jedenfalls berichtet die Chronik des Sumpa Khenpo aus dem Jahr 1748, daß der 4. Zhamarpa während des Einfalls der Rinpungpa in die Region von Lhasa im Jahr 1481 eine Armee an der Seite der Truppen der Rinpung-Fürsten ins Feld führte.[53]

Der Machtkampf zwischen den Phagmodrupa und den Rinpungpa spiegelt darüber hinaus die Spannungen zwischen den Adelsfamilien in den beiden Regionen Ü und Tsang um die Vorherrschaft von ganz Zentraltibet wider. Zugleich wuchs die Bedeutung von Ü als religiösem Zentrum der Gelugpa, während sich die Karmapa in Tsang fest etablierten. Die Zentrierung der einzelnen Lehrtraditionen in einer Region war zumeist vom Sitz ihrer weltlichen Gönner abhängig. Solche regionalen Schwerpunkte bestimmter Lehrtraditionen existieren heute noch im tibetisch-buddhistischen Kulturraum, z. B. in Bhutan, das von den Drugpa Kagyüpa dominiert wird.

Zu Beginn des 16. Jahrhunderts befanden sich Lhasa und Umgebung in der Gewalt der Rinpungpa und damit der Karmapa. Von 1498 bis 1517 besetzten ihre Truppen die Region. In dieser Zeit waren die Mönche der Klöster Sera und Drepung von der *Mönlam Chenmo*-Zeremonie ausgeschlossen. Gendün Gyatso, der Abt von Drepung und Wiedergeburt seines Vorgängers Gendün Drubpa, verließ sein Kloster und kehrte erst 1517 zurück, als die Phagmodrupa Lhasa wieder eingenommen hatten. Erst ein Jahr später nahmen die Gelugpa-Mönche wieder an den Neujahrsfeierlichkeiten teil.

«Meeres-Lama» und «Religionskönig»

In Kyishö in Ü wurde im Jahr 1543 Sönam Gyatso geboren, die Wiedergeburt des 1542 verstorbenen Gendün Gyatso. Er war der dritte in dieser Inkarnationsreihe, deren Glieder in Tibet als *Gyewa Rinpoche* bekannt sind und die auf Gendün Drubpa, einen

Schüler des Tsongkhapa, zurückgeht. Sönam Gyatso, der bei den großen Gelehrten seiner Zeit studierte, pflegte schon früh Beziehungen zu den bedeutenden Adelsfamilien seiner Zeit. 1558 folgte er der Einladung des Phagmodru-Herrschers nach Nedong und wurde ein Jahr später der persönliche Lehrer des Herrschers, ein Amt, das er bis zu dessen Tod 1564 ausübte. Darüber hinaus gründete er eine Reihe von Klöstern nicht nur in Zentraltibet, sondern vor allem in den als «unzivilisiert» angesehenen Randregionen Tibets. Sönam Gyatsos Name wird jedoch vor allem mit dem Beginn der tibetisch-buddhistischen Missionierung der mongolischen Völkerschaften und dem Ehrentitel «Dalai Lama», der ihm von einem Mongolenherrscher verliehen wurde, in Verbindung gebracht. Seiner Initiative ist es zu verdanken, daß die Mongolen seit dem ausgehenden 16. Jahrhundert Anhänger der Gelugpa-Tradition wurden. Die Ausdehnung der tibetisch-buddhistischen Einflußsphäre bis in die Regionen an der unteren Wolga geht wesentlich auf ihn zurück.

Zu Beginn der siebziger Jahre des 16. Jahrhunderts erreichte eine von dem südostmongolischen Fürsten Altan Khan entsandte Delegation Zentraltibet. Kurz zuvor, im Jahr 1571, hatte dieser nach jahrzehntelangen militärischen Auseinandersetzungen mit der chinesischen Ming-Dynastie einen Friedensschluß erreicht, der den Mongolen den freien Zutritt zu den Grenzmärkten an der mongolisch-chinesischen Grenze und weitere wirtschaftliche und politische Vorteile sicherte. Im gleichen Jahr besuchte auch ein Gelugpa-Lama aus Amdo das Hoflager des Altan Khan in Kökeqota, dem heutigen Hohot in der Inneren Mongolei. Eine der frühesten Quellen zu diesen Ereignissen, die mongolische Biographie «Edelsteingleiche Klarheit», schildert ausführlich die Überredungskünste, die der Lama anwandte, damit der Khan Sönam Gyatso einlud.[54] Die Gelugpa,[55] deren weltliche Gönner in Zentraltibet, die Phagmodrupa, zu jener Zeit ihre politische Macht weitgehend eingebüßt hatten, waren an einer Aufnahme von Beziehungen zu den Mongolen nicht nur aus religiösen, sondern auch aus politischen Gründen sehr interessiert.

Der Khan entsandte schließlich zwei Delegationen, um Sönam Gyatso einzuladen, der sich 1577 in die Mongolei aufmachte und im folgenden Jahr mit Altan Khan in einem eigens für diesen Anlaß errichteten Kloster am Kökenor zusammentraf. Der Khan und der Gelugpa-Geistliche gingen anläßlich ihrer Begegnung eine *Yönchö*-Beziehung ein, wobei sie ausdrücklich an das historische Vorbild von Khubilai Khan und Phagpa Lama im 13. Jahrhundert anknüpften. Altan Khan verlieh Sönam Gyatso den Ehrentitel *Dalai Lama*, wörtlich «Meeres-Lama». Dieser Titel geht wahrscheinlich auf den mongolischen Titel *dalai-yin qan*, «Meeres-Khan» zurück, der schon in mongolischen Quellen des 13. Jahrhunderts die weltumspannende Macht der mongolischen Herrscher zum Ausdruck brachte. Sönam Gyatso war der erste Gyewa Rinpoche, der diesen Ehrentitel trug. Da seinen beiden Vorgängern der Titel postum ebenfalls verliehen wurde, wird er als der 3. Dalai Lama gezählt.

Sönam Gyatso verlieh Altan Khan im Gegenzug den Titel «Religionskönig». Die gegenseitige Verleihung von Ehrentiteln gehörte damals zum diplomatischen Protokoll und trug zum Prestige ihrer Träger bei. Im ausgehenden 16. Jahrhundert wurde mit dem Titel «Dalai Lama» keine machtpolitische Position in Tibet verbunden. Die Institution des Dalai Lamas, wie wir sie heute kennen, ist erst eine Entwicklung des 17. Jahrhunderts.

Der 3. Dalai Lama kehrte noch einmal nach Tibet zurück, allerdings nur für kurze Zeit. 1583 machte er sich wieder auf den Weg in die Mongolei, wo er im Jahr 1588 verstarb.

Ein mongolischer Dalai Lama

Sönam Gyatso hinterließ ein noch unsicheres Erbe für die Gelugpa. Obwohl die *Yönchö*-Beziehung, die er mit Altan Khan und anderen mongolischen Fürsten eingegangen war, den Gelugpa mächtige weltliche Gönner verschafft hatte, hatten sie sich doch der mongolischen Loyalität noch nicht dauerhaft versichert. Eine

Yönchö-Beziehung ist zuallererst eine persönliche Beziehung, obwohl sie auf nachfolgende Generationen übertragen werden kann. Wollten die Gelugpa die Mongolen weiterhin an sich binden, bedurfte es einer charismatischen Persönlichkeit als Nachfolger des 3. Dalai Lamas. Vor dem Hintergrund der politischen und religiösen Situation im Tibet des ausgehenden 16. Jahrhunderts ist die Entdeckung der Wiedergeburt des Gyewa Rinpoche in einem mongolischen Fürstensohn aus dem Geschlecht des Altan Khan als genialer politischer Schachzug zu sehen. Ein Mongole als 4. Dalai Lama bildete von nun an das Bindeglied zwischen Tibet und der Mongolei. Die Mongolen, die von den Tibetern zwar als militärisch überlegen akzeptiert, jedoch als «unzivilisiert» empfunden wurden, partizipierten nun an einer gemeinsamen buddhistischen Kultur, die unauflösbar mit den Gelugpa verbunden war, da deren höchster religiöser Würdenträger sich unter ihnen verkörpert hatte.

Es gab jedoch auch Widerstände von seiten des Gelugpa-Klerus gegen die Wahl eines Mongolen. Die offizielle Anerkennung des 4. Dalai Lamas Yönten Gyatso, der 1589 in der Inneren Mongolei geboren wurde, ließ mehr als ein Jahrzehnt auf sich warten. Erst im Jahr 1600 reisten hohe Gelugpa-Geistliche auf Bitten der Mongolen in die Mongolei und unterzogen Yönten Gyatso den üblichen Tests, durch die die Wiedergeburt bestätigt wurde. Yönten Gyatso begab sich im Jahr 1602 nach Tibet, wo er bis zu seinem Tod blieb und wie sein Vorgänger viel reiste. Der einzige Nichttibeter unter den Dalai Lamas starb früh, im Jahr 1616.

Hegemonialkämpfe zwischen West- und Zentraltibet

Die politischen Verhältnisse in Zentraltibet hatten sich im 16. Jahrhundert erneut verändert. In der zweiten Hälfte des 16. Jahrhunderts brach wieder Krieg aus, diesmal zwischen zwei Fraktionen der Phagmodrupa, dem Herrscher in Nedong und seinem Enkel, der in Gongri Karpo residierte. Trotz der Vermittlungsversuche des 3. Dalai Lamas zerfielen die Phagmodrupa von nun an in zwei verfeindete Lager. Die innere Zerstrittenheit kam einer neuen Macht zugute, den Fürsten von Tsang, denen es gelang, fast ein Jahrhundert lang die Vorherrschaft in Zentraltibet auszuüben. Karma Tseten, zuvor Minister unter den Fürsten von Rinpung, eroberte 1565 Shigatse. In den folgenden Jahren versuchten die Fürsten von Tsang, die sich den Titel *Desi*, «Regent», zugelegt hatten, Ü unter ihre Herrschaft zu bringen, da die wachsende Macht der mit den Mongolen verbündeten Gelugpa von ihnen zunehmend als Bedrohung empfunden wurde. Zu Beginn des 17. Jahrhunderts traf der junge 4. Dalai Lama begleitet von einer mongolischen Gesandtschaft in Lhasa ein. Das erste Mal seit dem Ende der Yuan-Dynastie befanden sich wieder Mongolen in Ü, auch wenn sie diesmal in friedlicher Absicht kamen. 1611 drangen die Truppen des Fürsten von Tsang nach Ü vor und der Fürst selbst begab sich nach Lhasa, das unter seiner Verwaltung stand. Im Jahr darauf übergab er die Stadt der Verwaltung des Ganden Phodrang, also den Gelugpa. Dies wie auch die Bitte des Fürsten, eine religiöse Initiation von den Gelugpa zu erhalten, kann als Geste des Wohlwollens gewertet werden, die dem Abbau der Spannungen zwischen Ü und Tsang sowie zwischen Karmapa und Gelugpa dienen sollte. Die Bitte um Initiation wurde von der Gelugpa-Geistlichkeit abgelehnt mit dem Hinweis, der Fürst sei ein Feind der Gelugpa-Lehre. Der Affront führte sofort zu Feindseligkeiten, und der 4. Dalai Lama zog es vor, sich nach Samye zu begeben, wo er die nächsten Jahre blieb.

1616 hatte der Fürst von Tsang sein Ziel, ganz Zentraltibet unter seiner Herrschaft zu vereinen, fast erreicht. Die gesamte Region von Kyishö war von seinen Truppen eingenommen worden, und Nedong hatte sich ergeben. Ein großer Teil von Ü und weite Gebiete von Tsang waren fest in der Hand der Fürsten von Tsang und damit auch der Karmapa. Die Gelugpa fühlten sich immer bedrängter und riefen schließlich mongolische Verbündete zu Hilfe. Schon wenige Jahre später, im Jahr 1621, drang eine mongolische Armee bis nach Ü vor, wo sie auf die Truppen des Fürsten von

Tsang traf. Die Armee des *Desi* von Tsang wurde besiegt und zog sich in eine Festung in Lhasa zurück, die die Mongolen belagerten. Kurz bevor es zum Sturm auf die Festung und zum Massaker kam, schalteten sich hohe Geistliche der Gelugpa, u. a. der Abt von Tashilhunpo, zu Gunsten des Fürsten von Tsang ein. Ihre Intervention ließen sich die Gelugpa gut bezahlen: Sie erhielten die meisten der von Tsang eroberten Gebiete und die Gelugpa-Klöster zurück, die auf Druck der mit dem Fürsten von Tsang verbündeten Zhamarpa ihre Traditionszugehörigkeit geändert hatten und zwangsweise zu Zhamar-Klöstern geworden waren.

Der «Große» 5. Dalai Lama

Ein Jahr nach dem Tod des 4. Dalai Lamas wurde sein Nachfolger geboren, der nicht nur als einer der größten buddhistischen Gelehrten Tibets gilt, sondern auch ein herausragender Politiker war. Ngawang Lobzang Gyatso (1617–1682) stammte aus einer aristokratischen Familie, die mehrere Generationen lang Ministerämter unter den Herrschern von Nedong innegehabt hatte. Sie pflegte Verbindungen zu den Nyingmapa, den Jonangpa und Karmapa, hegte aber auch Sympathien für die Gelugpa. Als der junge 5. Dalai Lama im Jahr 1622 nach Drepung übersiedelte, begann ein nicht abreißender Strom frommer mongolischer Pilger Lhasa und Umgebung zu besuchen. Die Präsenz von zuweilen tausenden Mongolen, unter ihnen nicht nur Pilger, sondern die bewaffneten Begleiter verschiedener mongolischer Fürsten, führte zu neuen Spannungen mit dem Fürsten von Tsang.

In den dreißiger Jahren des 17. Jahrhunderts wurde Tibet zudem in die innermongolischen Machtkämpfe um den letzten mongolischen Großkhan Ligdan hineingezogen. Wiederholt fielen mongolische Truppen in Tibet ein und drangen bis nach Drepung vor. 1637 besiegte schließlich der Khoshot[56]-Mongole Gushri Khan den letzten Verbündeten des 1634 verstorbenen Ligdan und etablierte seine unumschränkte Herrschaft im Kökenor-Gebiet und Tsaidam. Gushri Khan, der ein glühender Verehrer der Gelugpa und des Dalai Lamas war, wurde zum wichtigsten weltlichen Verbündeten der Gelugpa. 1641 nahm er Osttibet ein, das sich in den Händen des Fürsten von Beri, eines Bönpo, befand. Danach marschierte er nach Zentraltibet, und nach einem siebenmonatigen Krieg, der ganz Ü und Tsang in Mitleidenschaft zog, nahm er Shigatse ein. Der Fürst von Tsang wurde gefangengenommen und getötet. Jahrzehnte später erfuhr Europa von diesen Geschehnissen durch den Bericht des Jesuiten Gerbillon, der sich seit 1687 am Hof der Mandschu-Kaiser in Peking aufhielt.

Der Tod des Fürsten von Tsang im Jahr 1642 markiert den Beginn der uneingeschränkten Herrschaft der Gelugpa in Zentraltibet. Gushri Khan installierte noch im selben Jahr den Dalai Lama als weltlichen und geistlichen Herrscher über Zentraltibet.[57] Ihm zur Seite stand ein weltlicher Regent, *Desi*, der für die politische Administration verantwortlich war. Dieses Amt übernahm Sönam Chöphel (1595–1657), der Schatzmeister von Drepung. Gushri Khan selbst nahm den Titel eines «Königs von Tibet» (*bod-kyi rgyal-po*) an.

Die politische Struktur der neuen Zentralregierung basierte auf der *Yönchö*-Beziehung. Der *Desi* war der «geistliche Lehrer» (*mchod-gnas*), während der mongolische Khan die Rolle des Gabenherrn (*yon-bdag*) einnahm. Die Rolle des Dalai Lamas wird in einem Rechtsdokument aus dem Jahr 1653 deutlich,[58] in dem ihm eine übergeordnete Position gegenüber *Desi* und mongolischem Khan zugesprochen wird. Damit wurde die rechtliche Grundlage für die weltliche und geistliche Herrschaft der Dalai Lamas gelegt.

Die Herrschaft der Gelugpa, die auf der militärischen Macht der Khoshot-Mongolen gründete, erstreckte sich in der Mitte des 17. Jahrhunderts über Zentraltibet und fast ganz Kham. Kham war zwar nicht lange zu halten, aber mit Hilfe der Klöster, die sie in dieser Zeit gründeten, konnten die Gelugpa auch später die Politik der weltlichen Fürsten in Kham zu ihren Gunsten beeinflussen. In Zentraltibet sicherte der Dalai Lama seine Herrschaft, indem er die Macht der Karmapa und Jonangpa, die Alliierte der

Fürsten von Tsang gewesen waren, brach. Die Jonangpa-Klöster wurden enteignet und in Gelugpa-Klöster umgewandelt, die Druckstöcke ihrer Werke versiegelt. Beides waren Maßnahmen, die zum fast vollständigen Untergang der Lehrtradition führten. Nur einige wenige Jonangpa-Klöster überlebten in Amdo, und erst im 19. Jahrhundert wurden ihre Werke wieder gedruckt.

Eine Reihe von Einrichtungen der Karmapa wurden ebenfalls in Gelugpa-Klöster umgewandelt, aber nach einigen Jahren der Verfolgung wurden die Karmapa rehabilitiert. Den nicht-buddhistischen Bönpo erging es schlechter. Ihre Klöster wurden zum Teil geschlossen, und die Gelugpa blieben ihnen feindlich gesonnen, obwohl der 5. Dalai Lama die Bön-Religion in einem Edikt von 1679 als eine der offiziellen Religionen Tibets anerkannte.

Im Süden versuchte die neue Regierung ebenfalls, ihre Macht auszuweiten. Die Drugpa Kagyüpa hatten in Bhutan eine monastische Herrschaft begründet, die der der Gelugpa unter dem 5. Dalai Lama nicht unähnlich war. Schon der Fürst von Tsang hatte erfolglos versucht, das Königreich einzunehmen. 1644 und noch einmal 1648/49 griffen tibetische und mongolische Truppen unter dem neuen *Desi* Bhutan an, beide militärischen Kampagnen endeten jedoch mit Niederlagen. Weitere tibetische Versuche in den Jahren 1657, 1676–1678 und 1714, Bhutan zu erobern, endeten ebenfalls erfolglos.

Unterdessen hatte in China die Qing-Dynastie der tungusischen Mandschu die chinesische Ming-Dynastie abgelöst. In ihren Auseinandersetzungen mit den Mongolen versuchten die Mandschus, die Autorität, die der Dalai Lama unter den Mongolen genoß, zu ihren Gunsten zu nutzen. Der Dalai Lama reiste auf ihre Einladung hin 1652 nach Peking an den kaiserlichen Hof, wo er zwei Monate blieb.

In die Zeit des 5. Dalai Lamas fällt auch die Konstituierung der Emanationslinie der Panchen Lamas von Tashilhunpo. Der 5. Dalai Lama entschied unmittelbar nach dem Tod seines verehrten Lehrers Panchen Lobzang Chökyi Gyeltsen (1567–1662), eine Inkarnationslinie einzurichten, und im Jahr 1667 wurde die zweite Wiedergeburt des Panchen Rinpoche gefunden. Die Panchen Lamas gelten als Emanationen des Buddha Amitābha.

Im Jahr 1679 kam es zum Krieg gegen das Königreich von Ladakh, und im Friedensvertrag von 1684 erhielt Tibet die Gebiete von Ngari in Westtibet, die zuvor von Ladakh annektiert worden waren, zurück. Damit war unter der Herrschaft des 5. Dalai Lamas Tibet, von Ngari im Westen bis Kham und Amdo im Osten, das erste Mal seit der Zeit der Yarlung-Dynastie wieder unter einer Zentralregierung vereint.

Die Institution der Dalai Lamas

Das Amt der Dalai Lamas, wie es im 17. Jahrhundert durch Gushri Khan und den 5. Dalai Lama begründet wurde, ist nicht nur eine politische, sondern auch eine religiöse Institution. Als der 5. Dalai Lama 1642 die politische Macht, die ihm Gushri Khan offerierte, annahm, konsolidierte er seine Herrschaft durch den Anspruch, das tibetische Großreich, das «goldene Zeitalter» eines geeinten mächtigen Tibet, neu zu errichten. Diesen Anspruch legitimierte er, indem er autochthone tibetische und buddhistische Vorstellungen geschickt miteinander verband. Die Gottheit Pehar, die nach ihrer Bezwingung durch Padmasambhava als Schutzgottheit von Tibet eingesetzt worden war, wurde vor der Zeit des 5. Dalai Lamas besonders von den Nyingmapa verehrt. Nun machte der Dalai Lama Pehar zur Schutzgottheit der neu errichteten Zentralregierung in Lhasa. Der Schrein des Pehar, der sich in Samye, dem ältesten Kloster in Tibet, befand, wurde nach Nechung bei Lhasa überführt. Pehar, der zeitweise von einem Medium Besitz ergreifen kann, dient seither der tibetischen Regierung als «Staatsorakel», das in wichtigen Regierungsangelegenheiten konsultiert wird. Heute residiert das Orakel von Nechung in dem nach 1959 im indischen Exil in Dharamsala neu erbauten Kloster gleichen Namens und hat in der tibetischen Exilregierung dieselbe Position wie vor 1950 in Tibet inne. Die rituelle Fundierung des Systems der Dalai Lamas in der Gestalt des Pehar verdeutlicht zugleich seine die einzelnen tibetisch-buddhistischen Lehrtraditionen übergreifende Position.

Ein weiterer Faktor, der zur Konsolidierung der Macht der Dalai Lamas seit dem 17. Jahrhundert beitrug, ist die Vorstellung, der Dalai Lama sei nicht nur die Wiedergeburt, *Yangsi*, seines Vorgängers, sondern auch die Emanation, *Tulku*, des Bodhisattvas Avalokiteshvara. Diese Vorstellung ist keine «Erfindung» des 5. Dalai Lamas. Schon zu Beginn der im Jahr 1494 verfaßten Biographie von Gendün Drubpa wird dieser 1. Dalai Lama als Emanation des Avalokiteshvara bezeichnet. Wie schon weiter oben ausgeführt, wurde Tibet ungefähr seit dem 12. Jahrhundert als das Buddhafeld des Avalokiteshvara beschrieben und Songtsen Gampo, der erste König, der das Reich geeint hatte, als seine Emanation. Indem die Dalai Lamas nun wie jener als Emanationen des Avalokiteshvara, der einem populären Mythos zufolge sogar der Stammvater des tibetischen Volkes ist, angesehen werden, erscheinen sie als die legitimen Erben der Yarlung-Herrscher. Der 5. Dalai Lama zog in seinen Schriften sogar eine direkte Linie von den Yarlung-Herrschern zu den Dalai Lamas.[59]

Für die Verbreitung seiner Vorstellungen sorgte der 5. Dalai Lama durch den Vollzug von Ritualen, die Avalokiteshvara gewidmet waren. Wir können einen deutlichen Anstieg der von ihm abgehaltenen Avalokiteshvara-Rituale für die Zeit nach 1642 feststellen. Seiner Autobiographie zufolge vollzog er allein auf seiner Reise nach China in den Jahren 1652 bis 1653 jeden Monat mindestens ein, häufig jedoch vier oder mehr solcher Rituale vor einer großen Menge von Zuschauern. Da in tantrischen Ritualen der Praktizierende mit der Gottheit des Rituals identifiziert wird, vergegenwärtigte der Dalai Lama für die Gläubigen im Ritual den Bodhisattva selbst.

Erst in den letzten Jahren ist bekannt geworden, wie groß der Einfluß des 5. Dalai Lamas auf die Politik im 17. Jahrhundert war. Die Autorität des Dalai Lamas, die vor allem in der Verleihung des Titels «Khan» an die mongolischen Fürsten zum Ausdruck kommt, war anscheinend so groß, daß Lhasa im 17. Jahrhundert zu einem der wichtigsten politischen Zentren in Asien wurde. Wenn die Mandschu-Herrscher im 17. Jahrhundert den Titel «Khan» an verschiedene mongolische Fürsten verliehen, bestätigten sie damit nur nachträglich die vom Dalai Lama zuvor vergebenen Titel. Der formale Akt der Titelverleihung durch den Dalai Lama hingegen stellte für die mongolischen Fürsten einen wichtigen Teil ihrer politischen Legitimation dar. Dieser Brauch setzte sich im 18. Jahrhundert fort und war wahrscheinlich mitentscheidend für die Annahme der Briten und der Russen, die Kontrolle von Tibet bilde den Schlüssel zur Vorherrschaft in Zentralasien.

Lhasa als religiöses und politisches Zentrum

Im Jahr 1645 begannen auf Anweisung des 5. Dalai Lamas die Arbeiten zur Errichtung des Potala-Palastes auf dem Marpori, dem «roten Berg», der etwas außerhalb von Lhasa in der Nähe der großen Klöster Sera und Drepung liegt. Das Bauwerk repräsentierte die weltliche und religiöse Macht der Dalai Lamas. Sowohl der Name als auch der Standort des Palastes, wohin die Regierung nach seiner Fertigstellung verlegt wurde, waren klug gewählt. Der Name «Potala» ruft das gleichnamige Buddhafeld des Avalokiteshvara ins Gedächtnis, während der Ort selbst Erinnerungen an den historischen Gründungsvater der Yarlung-Dynastie, Songtsen Gampo, weckt, der auf dem Marpori einen Palast errichtet haben soll. Der Potala repräsentiert damit auf der visuellen Ebene die Rückkehr der glorreichen Königszeit in der Person der Dalai Lamas.

Aber nicht nur in der Architektur im Lhasa des 17. Jahrhunderts wurden religiöse und politische Ordnungsprinzipien verräumlicht, auch die Landschaft selbst wurde in diese Prozesse miteinbezogen. Die drei das Stadtbild prägenden Hügel Marpori, Chagpori und Bhamari werden als die Wohnsitze der drei für Tibet wichtigsten Bodhisattvas angesehen, Avalokiteshvara, Mañjushrī und

Der Potala, vom Chagpori aus gesehen. Der 5. Dalai Lama hat mit diesem Bauwerk ein sichtbares Symbol der Institution der Dalai Lamas als weltliche und geistliche Herrscher Tibets geschaffen.

Vajrapani, die sich alle drei dem Mythos zufolge in den drei bedeutendsten Königen der Yarlung-Dynastie verkörpert haben. Im 17. Jahrhundert wurde diese dreifache Struktur auf die für die

Tibeter damals wichtigsten politischen Mächte übertragen. Die Mongolei wurde zum Reich des streitbaren Vajrapani und Chinggis Khan zu seiner Emanation, während der Qing-Kaiser Kangxi als Emanation des Bodhisattvas der Weisheit, Mañjushrī, angesehen wurde. Die politische Ordnung der Zeit wurde in ein religiöses Deutungsmuster transformiert, das den Tibetern zugleich den Deutungsprimat verlieh. Die tatsächlichen politisch-militärischen Machtverhältnisse verschoben sich auf der religiösen Ebene zugunsten Tibets.

Die langsame Transformation Lhasas von einem religiösen Pilgerort und Zentrum der Gelugpa-Lehrtradition zum politisch-religiösen Mittelpunkt einer tibeto-mongolischen buddhistischen Welt zeigte sich auch in der Architektur der Stadt. Das erste Mal entstanden große Wohnanlagen von Adligen und Regierungsbeamten. Die Verstädterung hatte den Erlaß von Bauregeln zur Folge. So durfte kein neu errichtetes Gebäude den Jokhang, das religiöse «Herz» der Stadt, überragen. Adlige durften Gebäude mit drei Geschossen errichten, gewöhnliche Leute nur solche mit zwei.

Der Jesuit Desideri, der sich von 1716 bis 1721 in Lhasa aufhielt, beschreibt Lhasa als eine kosmopolitische Stadt, in der neben Tibetern auch Chinesen, Mongolen, Kashmiris, Inder, Nepalesen, Russen und Armenier lebten, die meisten von ihnen Kaufleute. Schon seit dem 13. Jahrhundert hatten Ausländer, besonders Newari-Handwerker, in kleinen Gruppen in einigen größeren Siedlungen in Tibet gelebt. Unter der Herrschaft des 5. Dalai Lamas führte die neue innere Stabilität zu einem verstärkten Zustrom ausländischer Händler. 1645 schlossen die Herrscher von Kathmandu und die tibetische Regierung ein Abkommen, das den Newari-Händlern sowohl in Lhasa als auch in Nepal besondere Privilegien gewährte, die ihnen fast ein Monopol auf den Handel zwischen Tibet und Nepal einräumten. Zudem wurde ihnen die Prägung der in Tibet gebräuchlichen Silbermünzen überlassen. Im 17. Jahrhundert ließen sich auch erstmals muslimische Kaufleute in Lhasa nieder. Sie erhielten von der tibetischen Regierung als

Geschenk einen Park in der Umgebung der Stadt, den «Garten der Kashmiris», mit dem Recht, auf dem Gelände eine Moschee und einen Friedhof zu errichten. Die meisten Muslime kamen aus Kashmir, aber gegen Ende des 17. Jahrhunderts siedelten sich auch muslimische Kaufleute aus dem chinesischen Gansu an, die mit Seide und Perlen handelten. In den Händen der Kashmiris befand sich besonders der Wollhandel. Die ausländischen Händlerkolonien wurden auf Anordnung der tibetischen Regierung durch einen Vorsteher aus ihren Reihen repräsentiert, der ihre Anliegen gegenüber der Regierung vertrat. Muslime waren in Lhasa bis 1950 auch für die Schlachtung von Tieren zuständig, die den Buddhisten aus religiösen Gründen verboten war.

Händler aus Bhutan, aus der Mongolei und aus Rußland werden ebenfalls erwähnt, die letzteren allerdings erst für das frühe 18. Jahrhundert. Über die Armenier, die sich in den 1680er Jahren in Lhasa ansiedelten, sind wir gut unterrichtet. Sie kamen aus der Gegend um Isfahan in Iran, waren teilweise Christen, teilweise Muslime, und handelten mit Wolle, Gold, Moschus, Gewürzen, Yak-Schwänzen, Safran und anderem mehr. Ihr Handelsnetzwerk erstreckte sich von China über Tibet, Indien und den Vorderen Orient bis nach Danzig an der Ostsee. Nach 1717 müssen sowohl die Armenier als auch die russischen Kaufleute Tibet verlassen haben, denn wir hören nichts mehr von ihnen. Die Newaris, Kashmiris und die chinesischen Muslime blieben jedoch im Land.

Während die Tibeter Moschus, Gold, Wolle, Pelze, Heilpflanzen, Yakschwänze und anderes mehr exportierten, importierten sie neben Getreide (aus dem Kathmandu-Tal) Zucker, Chilischoten und anderes Gemüse. Darüber hinaus brachten armenische Händler Bernstein aus dem Baltikum. Die nach Tibet importierte Koralle stammte fast ausschließlich vom Mittelmeer. Türkise, Perlen, Muscheln und Halbedelsteine wurden aus Indien importiert. Die wichtigsten Umschlagorte für Waren aus Tibet waren Surat in Gujarat und Patna im heutigen Bihar.

Neben den Händlern kamen Gelehrte und Künstler ins Land. Der 5. Dalai Lama bemühte sich besonders um Sanskrit-Gelehrte aus Indien, die sich in Lhasa niederließen. Das Studium des Sanskrit wurde wieder aufgenommen, und noch nicht übersetzte Werke, so die Sanskrit-Grammatik des Panini, ins Tibetische übertragen. Wie schon im 13. Jahrhundert am Hof der Mongolenherrscher in Karakorum ließen sich Kunsthandwerker aus Nepal in Lhasa nieder, die in den Tempeln und Klöstern arbeiteten, aber auch die Häuser des Adels verschönerten. Die Zeit des 5. Dalai Lamas wird mit Recht als eine Blütezeit der Kunst und Kultur in Tibet bezeichnet.

Der Regent Sanggye Gyatso

Als der Dalai Lama im Jahr 1682 starb, übernahm der von ihm 1679 zum *Desi* ernannte Sanggye Gyatso die Regierungsgeschäfte. Dieser verheimlichte 15 Jahre lang den Tod des 5. Dalai Lamas. Über seine Gründe läßt sich nur mutmaßen. Sanggye Gyatso war ein hochgebildeter Laie, der bedeutende Werke zur tibetischen Medizingeschichte verfaßte, und ein kluger Staatsmann. Vielleicht wollte er die politische Lage in Tibet nicht destabilisieren durch das Machtvakuum, das beim Tod eines Dalai Lamas entsteht. Die Verheimlichung des Todes war zwar ein schwieriges Unterfangen, da der Regent unmittelbar nach dem Ableben des Dalai Lamas die Suche nach seiner Wiedergeburt einleiten und daher einen Teil des Gelugpa-Klerus informieren mußte. Aber es gelang Sanggye Gyatso, den Tod des Dalai Lamas vor den Mongolen und vor allem vor dem Kangxi-Kaiser zu verbergen und in seinem Namen zu regieren. Es waren die Jahre des Krieges gegen den Dzungarenfürsten Galdan, der erst 1696 von Kangxi in Juun Modun beim heutigen Ulan Bator vernichtend geschlagen wurde und ein Jahr später auf der Flucht Selbstmord verübte. Kangxi erfuhr angeblich erst durch dzungarische Gefangene 1696 vom Tod des 5. Dalai Lamas, aber es ist anzunehmen, daß er die Wahrheit spätestens dann ahnte, als seine Gesandten in Lhasa keine Audienz beim Dalai Lama erhielten. Der Betrug des Regenten und der Ver-

dacht des Herrschers, Sanggye Gyatso hätte sich mit den Dzungaren verbündet, entzogen ihm die Gunst der Mandschus. Dies
sollte sich als fatal erweisen, da der Nachkomme Gushri Khans,
Lhazang Khan, die Position des «Königs von Tibet» nicht nur formal einnehmen wollte. 1705 fielen seine Truppen in Zentraltibet
ein, Sanggye Gyatso[60] wurde gefangengenommen und enthauptet.
In Zentraltibet begann erneut eine Periode der mongolischen
Fremdherrschaft.

Lebemann und Verfasser von Liebesliedern: *Der 6. Dalai Lama*

Tshangyang Gyatso, die Wiedergeburt des «großen» 5. Dalai Lamas, war 1683 im äußersten Süden von Tibet geboren worden. Da
seine Existenz geheimgehalten wurde, waren seine frühen Kind-
heitsjahre von Hausarrest, Hunger sowie Beschimpfungen und
Drohungen durch die lokalen Behörden geprägt. Trotz der be-
scheidenen Lebensverhältnisse und ungewöhnlichen Umstände
war jedoch für eine adäquate Ausbildung des jungen Dalai Lamas
gesorgt worden, so daß er 1697 vom 2. Panchen Lama in Tashilhunpo als Novize ordiniert werden konnte. Die Liste der Würdenträger aus den umliegenden Ländern, die zu seiner offiziellen
Inthronisierung im Potala kamen, spiegelt die diplomatischen
Beziehungen Tibets zu jener Zeit wider. Hohe Geistliche aus
Klöstern sämtlicher Lehrtraditonen, Fürsten der Dzungaren, Tor-
gud und Khalkha, Abgesandte der Fürsten von Sikkim, Ladakh
und Zanskar sowie des Malla-Herrschers von Nepal kamen nach
Lhasa. Der Changkya Khutukhtu, höchster geistlicher Würdenträger der Inneren Mongolei, brachte einen Brief und Geschenke
des Kangxi-Kaisers.

Der junge Dalai Lama hatte mit den politischen Tagesgeschäf-
ten, die in den Händen des Regenten lagen, nicht viel zu tun. Er
studierte in den folgenden vier Jahren unter dem Panchen Lama
und anderen Gelehrten, aber in seiner vom Regenten verfaßten

Der Shöl-Distrikt am Fuß des Potala. In den Wirtshäusern dieses Viertels ver-
brachte der 6. Dalai Lama zusammen mit seinen Freunden die Nächte und
machte den Damen den Hof.

Biographie lesen wir wiederholt Klagen, daß er sich nicht so benahm, wie man es von ihm erwartete. Die Situation eskalierte, als er die Vollordination zum Mönch verweigerte und ankündigte, auch seine Novizengelübde zurückzugeben. Er drohte mit Selbstmord, einer der schlimmsten Verfehlungen nach den ethischen Normen des Buddhismus, sollte sein Rücktritt in den Laienstand nicht akzeptiert werden. Dem Panchen Lama blieb nichts anderes übrig, als die Rückgabe der Novizengelübde hinzunehmen. Trotzdem wurde Tshangyang Gyatso weiterhin als Emanation des Avalokiteshvara verehrt. Er kehrte als Laie nach Lhasa zurück, trug Laienkleidung, Ringe an seinen Fingern und langes Haar. Tagsüber residierte er weiter im Potala, aber seine Nächte verbrachte er mit den Frauen seiner Wahl in Shöl am Fuße des Potala oder in Lhasa. Dieser Dalai Lama hat keine gelehrten buddhistischen Traktate verfaßt, sondern ist durch eine Sammlung von Liebesliedern berühmt geworden, die ihm zugeschrieben werden.

Lhazang Khan benutzte das unkonventionelle Verhalten des 6. Dalai Lama dazu, seine eigenen Machtansprüche durchzusetzen. Nachdem eine seiner Frauen den Regenten, der ins Exil gehen sollte, umgebracht hatte, blieb als einzige Bedrohung seiner Macht in Lhasa der Dalai Lama, dessen Ansehen bei der Bevölkerung trotz seiner Eskapaden immer noch hoch war. Daher wandte sich Lhazang Khan an den Mandschu-Kaiser, dessen Oberhoheit er sieben Jahre zuvor anerkannt hatte. Kangxi war an Tibet vor allem wegen des Einflusses, den die Gelugpa auf die Mongolen ausübten, interessiert, und sagte Lhazang Khan seine Unterstützung zu. Dieser erklärte 1706 öffentlich, daß der 6. Dalai Lama nicht die wahre Inkarnation des Avalokiteshvara sei. Unter dem Widerstand der Mönche von Drepung wurde der junge Dalai Lama von Truppen der Khoshot-Mongolen aus der Stadt gebracht. Das Ziel der Reise war Peking, wo der Kangxi-Kaiser über sein Schicksal entscheiden sollte. Aber unterwegs erkrankte der 6. Dalai Lama und starb in Osttibet, wo er auch beigesetzt wurde. 26 Monate später wurde sein Nachfolger in Lithang geboren.

Wie ein Epitaph dieses ungewöhnlichen Dalai Lamas lesen sich die Worte seines erbittersten Gegners, Lhazang Khans, der später über ihn sagte: «Dieser Tshangyang Gyatso hatte einen wunderbaren Charme, ganz anders als gewöhnliche Leute. Er war ungeheuer kühn. Er wußte, daß ihm bestimmt war, nicht älter als 25 Jahre alt zu werden.»[61]

Der Verlust der tibetischen Unabhängigkeit

Nach der Ausschaltung von Tshangyang Gyatso präsentierte Lhazang Khan als neuen 6. Dalai Lama einen Mönch aus dem Medizin-Kolleg in Lhasa. Er wurde 1707 vom Panchen Lama im Potala offiziell inthronisiert, jedoch von den meisten Lamas und der Bevölkerung nicht akzeptiert. Darüber hinaus stieß die Installierung des neuen 6. Dalai Lamas auf erbitterte Ablehnung unter den Mongolen. Daher verzögerte der Kangxi-Kaiser seine Anerkennung und entsandte einen kaiserlichen Repräsentanten nach Lhasa, der Lhazang Khans Regierung überwachen sollte. Da dieser jedoch ohne chinesische Truppenpräsenz keine reale Macht besaß, rief ihn der Kaiser bald wieder zurück und erließ ein Edikt, die Herrschaft des Dalai Lamas und Lhazang Khans anzuerkennen. Im Gegenzug für die offizielle Anerkennung mußte Lhazang Khan einen jährlichen Tribut darbringen.

Es folgte eine ruhige Periode in der an Konflikten reichen Geschichte Zentraltibets. Sie wurde von den Jesuiten-Kartographen am Hof des Kangxi-Kaisers zur kartographischen Vermessung des Landes durch zwei Lamas, die sie zuvor in Kartographie unterwiesen hatten, genutzt. Die Ergebnisse wurden in einer Karte von Tibet verzeichnet, die dem Qing-Herrscher in dem berühmten Atlas von China 1718 präsentiert wurde.

Die Adligen in Ü und die großen Klöster um Lhasa unterstützten die Herrschaft Lhazang Khans nicht, während er in Tsang einige Adelsfamilien auf seiner Seite hatte. Hier ist vor allem ein junger Adliger, Pholhane, zu nennen, der unter Lhazang Khan eine glänzende Karriere in der Verwaltung, aber auch als erfolgreicher Feldherr auf dem Feldzug gegen Bhutan im Jahr 1714 begann.

Die Unzufriedenheit mit Lhazang Khans Herrschaft entzündete sich am Konflikt um die Wiedergeburt des 6. Dalai Lamas, den 7. Dalai Lama Kelsang Gyatso. Er war 1708 in Lithang im Osten Tibets geboren worden und wenige Jahre später von den mongolischen Fürsten in der Kökenor-Region zur Wiedergeburt des verstorbenen rechtmäßigen 6. Dalai Lamas erklärt worden. Der Kangxi-Kaiser ordnete an, den Jungen in das Kloster Kumbum in Amdo zu bringen, wo er von 1716 bis 1718 blieb.

Auch unter den Dzungaren wuchs der Unmut über den unrechtmäßig eingesetzten 6. Dalai Lama. 1717 entsandte der Dzungaren-Fürst Cewang Arabdan eine Armee unter dem Befehl seines Vetters Ceringdondub nach Tibet. Lhasa wurde gestürmt und der Khan getötet, seine politischen Verbündeten wurden gefangengenommen. Die Dzungaren setzten den Dalai Lama ab und schickten ihn ins Exil nach China, wo er 1725 starb. Sie ernannten einen neuen Regenten, der jedoch gegen die nun einsetzende Gewaltherrschaft der Dzungaren hilflos war. Die Bevölkerung von Lhasa hatte zuerst die dzungarischen Truppen als Befreier von der Herrschaft Lhazang Khans begrüßt, aber bald schlug das Willkommen in Entsetzen um. Die Dzungaren mordeten und brandschatzten, wobei sich ihr Zorn besonders gegen die Nyingmapa-Klöster und ihre Insassen richtete. Aber auch die Gelugpa wurden nicht verschont, und sogar die Kapuziner-Mönche in Lhasa hatten unter ihnen zu leiden. Zusätzlich zu dem Terror, den sie verbreiteten, hatten sie auch nicht ihr Versprechen einlösen können, den 7. Dalai Lama nach Lhasa zu bringen. Er wurde unter dem Schutz der Mandschus in Kumbum festgehalten. Der Regent und einige tibetische hohe Beamte schickten daher heimlich ein Schreiben nach Kumbum, in dem sie Kelsang Gyatso als 7. Dalai Lama anerkannten. Sobald er diese Nachricht erhielt, entsandte der Kangxi-Kaiser eine Delegation nach Kumbum und bestätigte die Anerkennung mit der Übergabe eines goldenen Siegels.

Im Jahr 1718 marschierte eine von einem Mandschu-General geleitete kaiserliche Armee durch Tsaidam nach Nagchukha, wo sie von dzungarischen und tibetischen Truppen angegriffen und besiegt wurde. Zwei Jahre später entsandte der Kangxi-Kaiser eine zweite Armee, die den Dalai Lama nach Lhasa geleiten sollte. Zur gleichen Zeit sammelten die Fürsten Khangchene und Pholhane in Tsang ihre Truppen und drangen nach Ü vor. Die Dzungaren fanden sich plötzlich von zwei Seiten angegriffen und suchten ihr Heil in der Flucht, so daß es gar nicht mehr zu Kampfhandlungen kam. Die kaiserliche Armee, die den 7. Dalai Lama nach Lhasa brachte, wurde enthusiastisch empfangen, wie uns ein europäischer Augenzeuge, der Jesuit Desideri, berichtet.

Nach der Inthronisierung des 7. Dalai Lamas im Jahr 1720 ordnete der Kangxi-Kaiser die tibetische Administration neu. Tibet stand nun unter dem Protektorat der Qing-Dynastie. Das Amt des *Desi* wurde abgeschafft und eine neue Regierung eingerichtet, die aus einem vierköpfigen Ministerrat bestand. Darüber hinaus stationierte man Truppen in Lhasa mit einem General als Oberbefehlshaber.

Die Regierung des Pholhane

Yongzheng, der 1723 die Nachfolge des im Jahr zuvor verstorbenen Kangxi-Kaisers antrat, ordnete noch im selben Jahr den Rückzug der Truppen aus Tibet an, da der Unterhalt der Garnison zu Nahrungsmittelknappheit und einer Verteuerung der Preise geführt hatte, was die Unzufriedenheit der Bevölkerung hervorrief. Der Abzug der Truppen ließ jedoch die unterschwelligen Differenzen in dem neu eingerichteten Ministerrat aufbrechen. Khangchene wurde ermordet, und ein Bürgerkrieg brach aus, den Pholhane für sich entscheiden konnte. Unterdessen war 1728 erneut ein großes Truppenkontingent von Yongzheng nach Lhasa entsandt worden, das jedoch erst nach dem Ende der Kampfhandlungen eintraf. Der Qing-Herrscher entschied sich nun für eine starke Mandschu-Präsenz in Tibet und richtete den Posten des Amban, des kaiserlichen Residenten, in Lhasa ein. Zwei Ambane wurden dauerhaft installiert, gestärkt von einem 2000 Mann starken Truppenkontingent. Die Ambane, entweder Mongolen oder Mandschus, nahmen Einsitz in die Regierung, hatten jedoch lediglich eine Beobachterposition. Pholhane stieg zum faktischen Herrscher von Tibet auf. 1733 gelang es ihm sogar, die chinesische Truppenstärke auf 500 Mann zu reduzieren.

Während des Bürgerkriegs von 1727/28 wurde die Basis für die später immer wieder ausbrechenden Konflikte zwischen dem Panchen Lama und dem Dalai Lama gelegt. Dem 7. Dalai Lama und seinem Vater wurde vorgeworfen, gegen Pholhane zu agieren, und beide wurden für sieben Jahre in die Nähe von Lithang in Kham verbannt. Der Mandschu-Kaiser ernannte unterdessen den Panchen Lama zum Landesherrn von Tsang und Westtibet. Dieser akzeptierte zwar nur einen Teil des ihm zugedachten Territoriums und wurde von der Zentralregierung in Lhasa nicht anders als ein lokaler, der Zentralregierung untergeordneter Fürst behandelt, die Zuteilung der westtibetischen Territorien unter die Autorität des Panchen sorgte jedoch später für Konfliktstoff zwischen den Panchen Lamas und den Dalai Lamas.

Unter der Regierung des Yongzheng-Kaisers wurden die Grenzen zwischen Tibet und China neu gezogen und das Territorium des traditionellen Tibet um fast die Hälfte reduziert. Dies betraf die Regionen Amdo und Kham, die seit dem Ende der Yarlung-Dynastie nur lockere Beziehungen zu Zentraltibet unterhielten. Kham kam erst 1648 wieder unter die Kontrolle der Zentralregierung des 5. Dalai Lamas, während sich Amdo faktisch unter der Herrschaft der Khoshot-Mongolen befand. 1724 wurde Amdo, das heute einen großen Teil der chinesischen Provinz Qinghai einnimmt, der Verwaltung des chinesischen Amban in Xining unterstellt. Einige Jahre später, 1727, wurde die Grenze zwischen Kham und der Zentralregierung in Lhasa neu fixiert. Sie lag nun zwischen den Orten Batang und Chamdo; Grenzsteine entlang des Ningching-Gebirges wurden errichtet. Sämtliche Gebiete östlich dieser Linie wurden Teil des Qing-Reichs, die Verwaltung verblieb jedoch in den Händen lokaler Fürsten unter der formalen Aufsicht der Distrikt-Beamten von Sichuan. Die Gebiete westlich der Linie waren der Zentralregierung von Lhasa unterstellt.

Während die 19jährige Regierungszeit des Pholhane Tibet inneren Frieden brachte, brachen die alten Konflikte nach seinem Tod 1747 sofort wieder auf. Sein Sohn Gyurme Namgyel, der die Regierung übernahm, überzeugte den Kaiser, daß ein Truppenkontingent von hundert Mann genügend sei, die innere Stabilität in Lhasa zu gewährleisten. Zur gleichen Zeit zog er Truppen zusammen und nahm Kontakt zu den anti-mandschurischen Dzungaren auf. 1751 wurde er von den beiden Ambanen in einen Hinterhalt gelockt und ermordet, woraufhin ein wütender Mob die Ambane lynchte. Nun griff der Dalai Lama ein und brachte die Situation innerhalb kürzester Zeit unter Kontrolle, was Lhasa einen neuen Einmarsch mandschurischer Truppen ersparte. Nur ein kleines Kontingent wurde entsandt, um die Situation zu beurteilen. Der Qing-Kaiser änderte noch einmal die Struktur der tibetischen Regierung unter Mandschu-Oberhoheit: Das Amt des erblichen «Königtums» wurde abgeschafft. Der Dalai Lama wurde weltliches wie spirituelles Oberhaupt der tibetischen Regierung, ihm untergeordnet war der *Kashag*, Ministerrat, mit insgesamt vier Ministern. Die Macht der Ambane wurde ausgebaut. Sie wurden Oberbefehlshaber der in Lhasa stationierten Truppen mit einer Stärke von 1500 Mann und verantwortlich für das Postwesen zwischen Chengdu und Lhasa. Darüber hinaus konnten sie nun direkt in der Regierung mitwirken. Nach dem Tod des 7. Dalai Lamas wurde die Struktur noch einmal erweitert. Das Amt des Regenten[62] wurde in veränderter Form wieder eingeführt. Der Regent war von nun an ein Geistlicher, der die Regierungsgeschäfte während der Minderjährigkeit der Dalai Lamas stellvertretend führte. Obwohl die Neuorganisation der tibetischen Zentralregierung, die bis zum Ende des 18. Jahrhunderts in Kraft blieb, eine Stärkung der politischen Position des Dalai Lamas nach sich zog, spielte schon der Nachfolger des 7. Dalai Lamas keine politische Rolle mehr. Der 8. Dalai Lama Jampel Gyatso (1758 bis 1804) überließ die Regierungsgeschäfte seinem Regenten.

Europäer in Tibet

Für die Zeit seit dem späten 17. Jahrhundert sind wir nicht mehr allein auf tibetische und chinesische Quellen angewiesen, sondern besitzen immer wieder europäische Augenzeugenberichte. Der früheste ist der der beiden Jesuiten Cacella und Cabral, die in den Jahren 1626 bis 1632 versuchten, in Tsang eine katholische Missionsstation einzurichten. Cabral hatte 1626 in Shigatse eine Audienz beim Fürsten von Tsang, den er als gutaussehenden frommen jungen Mann schildert, der freigebig zu den Armen sei. Allerdings vermerkt Cabral auch, daß der Fürst den Gelugpa-Mönchen von Tashilhunpo nicht sehr gewogen sei.

Die ersten Europäer, die Lhasa betraten, waren die beiden Missionare Johannes Grueber und Albert d'Orville, die auf ihrer Rückreise von China nach Europa 1661 zwei Monate in der Stadt blieben. Gruebers Aufzeichnungen wurden 1667 in Athanasius Kirchers berühmtem Werk *China illustrata* veröffentlicht. Lhasa wird hier *Barantola* genannt.

Zu Beginn des 18. Jahrhunderts trafen in Lhasa sowohl der Kapuzinerpater Orazio della Penna als auch die Jesuiten Emmanuel Freyre und der schon öfter erwähnte Ippolito Desideri ein, die unabhängig und ohne Wissen voneinander Missionsstationen in Tibet aufbauen wollten. Desideris Beherrschung des Tibetischen ermöglichte es ihm, mit den Gelugpa-Geistlichen der großen Klöster gelehrte Dispute zu führen. Zwischen den Jesuiten und der Kapuzinermission bestanden jedoch Spannungen, die im Jahr 1721 zur Rückberufung Desideris nach Rom führten. In seinem Reisebericht[63] schildert er detailliert das tibetische Regierungssystem und die politischen Ereignisse während der Dzungaren-Invasion 1720. Durch ihn sind wir auch über die tibetischen Handelsbeziehungen und die ausländischen Händlerkolonien in Lhasa orientiert. Die Kapuzinermönche hielten sich mit Unterbrechungen bis 1745 in Tibet auf, bis die tibetischen Behörden sie des Landes verwiesen.

Englische Gesandte auf der Suche nach neuen Märkten lösten die Missionare ab. 1774 sandte der damalige Gouverneur der East India Company in Indien, Warren Hastings, den jungen Schotten George Boyle nach Shigatse, um mit dem Panchen Lama über zukünftige englisch-tibetische Handelsbeziehungen zu verhandeln. Ihm folgte 1783 eine zweite Mission unter der Leitung von Samuel Turner. Sein Bericht, im Jahr 1800 publiziert, diente mehr als ein Jahrhundert lang als Referenzwerk für Tibet, da in ihm die politischen Beziehungen zwischen Lhasa und Tashilhunpo, dem Sitz des Panchen Lamas, und der Qing-Dynastie in China ausführlich erläutert werden.

Der Krieg mit den Gurkhas 1788–1792

1788 fielen die Gurkhas, die 1769 die Newari-Herrscher im Kathmandu-Tal abgelöst hatten, in Tibet ein und besetzten die Distrikte von Nyanang, Rongshar und Kyirong im Süden des Landes. Sie warfen den Tibetern vor, den Handel zwischen Tibet und Nepal durch Steuern und Betrug zu behindern. Die tibetischen Truppen wurden rasch besiegt, und es kam ein für Tibet äußerst ungünstiger Friedensvertrag zustande, in dem die tibetische Regierung zur Zahlung einer hohen Wiedergutmachungssumme gezwungen wurde. Als Tibet den Zahlungen nicht nachkam, fielen die Gurkhas 1791 ein zweites Mal in Tibet ein und besetzten diesmal das gesamte westliche Tsang. Tashilhunpo wurde geplündert, der Panchen Lama mußte nach Lhasa fliehen. Der Qianlong-Kaiser entsandte daraufhin ein starkes Truppenkontingent, das die Gurkha-Armee besiegte und bis weit nach Nepal hinein zurückdrängte. In den anschließenden Friedensverhandlungen mußte Nepal dem Mandschu-Kaiser Tribut darbringen, wofür der nepalesische Herrscher Rana Bahadur Shah einen Titel und eine Pfau-

Die goldene Urne, die auf Anordnung des Kaisers Qianlong ab 1793 zur
Wahl der Dalai Lamas und Panchen Lamas verwendet werden mußte.
Die Namen der Kandidaten wurden auf Plättchen oder Papier geschrieben,
von denen eines per Zufallsverfahren aus der Urne gezogen wurde.
Rechts im Bild sind fünf Losplättchen aus Elfenbein zu sehen.

enfeder erhielt. Für Tibet bildete der mit mandschurischer Hilfe
errungene Sieg über die Gurkhas das definitive Ende seiner innen-
wie außenpolitischen Autonomie. 1793 legte der Qianlong-Kaiser

in einem Edikt eine neue Struktur für die tibetische Regierung fest. Die Ambane wurden nun ermächtigt, neben dem Dalai Lama und dem Panchen Lama die Regierungsgeschäfte zu leiten. Darüber hinaus hatten sämtliche tibetische Beamte, sowohl die Laien als auch der Klerus, ihre Anliegen den Ambanen zur Entscheidung vorzulegen. Die Ambane waren für die Grenzverteidigung, die Steuern, die Staatsfinanzen, den internationalen Handel und die auswärtigen Beziehungen allein verantwortlich. Der Dalai Lama und der Panchen Lama durften nicht mehr direkt dem Thron in Peking Bericht erstatten, sondern nur noch den Ambanen, deren Anordnungen sie zu befolgen hatten. Die Ambane, die ihr Amt gewöhnlich für drei Jahre versahen, kontrollierten damit die lokale tibetische Verwaltung. Die verwaltungsmäßige Eingliederung ins Qing-Imperium wurde durch die Unterstellung sämtlicher Angelegenheiten, die Tibet betrafen, unter das Lifan yuan, das «Amt zur Verwaltung der Außengebiete», vollzogen.

Während die Eingliederung Tibets ins Qing-Reich dem Land eine in seiner Geschichte seltene innenpolitische Stabilität brachte, verfolgten die Mandschus nach außen eine Politik der Abschottung Tibets. Diese Politik wurde von Teilen der tibetischen Regierung und des Klerus der drei großen Klosterinstitutionen unterstützt, so daß Tibet zu Beginn des 19. Jahrhunderts zu dem «verbotenen Land» auf dem Dach der Welt wurde, als welches es noch heute in der europäischen Imagination präsent ist.

Tibet im 19. Jahrhundert

Obwohl seit 1793 die Autorität der Qing-Dynastie theoretisch außer Frage stand, konnte sich die Zentralregierung in Lhasa je nachdem, wie stark oder schwach die Zentralgewalt in Peking war, mehr oder weniger innenpolitische Autonomie bewahren. Der Verfall der Qing-Autorität setzte schon bald nach 1793 ein und erreichte seinen Höhepunkt während der Gurkha-Invasion von 1854. Am Ende des 19. Jahrhunderts erschöpften sich schließlich die chinesisch-tibetischen Beziehungen in den üblichen zeremoniellen Gesten einer formalisierten *Yönchö*-Beziehung, die die tibetische Lesart der Beziehungen zu China darstellte.

Das 19. Jahrhundert kann als das «Jahrhundert der Regenten» bezeichnet werden. Die Institution der Dalai Lamas spielte seit dem Tod des 7. Dalai Lamas 1757 lediglich formal eine Rolle. Der 9., 10., 11. und 12. Dalai Lama starben jung, entweder eines natürlichen Todes oder durch Mord, wie immer wieder kolportiert wurde. Die tatsächliche politische Macht übten die Regenten aus, die von den Mandschu-Kaisern unter den höchsten Wiedergeburten der Gelugpa-Lehrtradition ausgewählt wurden. So war der Regent Tsemoling zu Beginn des 19. Jahrhunderts über einen Zeitraum von 25 Jahren (1819–1844) fast Alleinherrscher in Zentraltibet.

Die innenpolitischen Probleme, denen sich die Qing-Dynastie im 19. Jahrhundert ausgesetzt sah, sowie der steigende Druck, den die europäischen Kolonialmächte auf das Qing-Reich ausübten, bedeuteten für Tibet einerseits *de facto* politische Unabhängigkeit, andererseits sah sich die Regierung in den militärischen Bedrohungen, denen das Land vor allem durch Ladakh und Nepal ausgesetzt war, alleingelassen. Aus China war keine militärische Hilfe zu erwarten. 1842 fielen die Dogra-Truppen unter dem General Zorawar Singh in Westtibet ein, nachdem sie Ladakh erobert hatten. Sie wurden von tibetischen Truppen zurückgeschlagen, und noch im selben Jahr erkannten beide Länder in einem Abkommen die aktuellen Grenzen und die bestehenden Handelsbeziehungen an. 1852 wurde dieses Abkommen in einem neuen, diesmal von Kashmir und Tibet unterzeichneten Vertrag bestätigt.

1854 griffen die nepalesischen Gurkhas ein weiteres Mal Tibet an. Die Mandschus kamen Tibet nicht zu Hilfe, und der Krieg, der einen hohen Blutzoll forderte, wurde von beiden Parteien allein ausgefochten. Nepal war siegreich, und in dem 1856 in Kathmandu geschlossenen Friedensabkommen verpflichteten sich die Tibeter zu hohen Tributzahlungen und zur Anerkennung von Nepal als Schutzmacht Tibets. Das letztere bedeutete eine Machtverschiebung von China nach Nepal hin, was von dem Amban in Lhasa auch sofort bemerkt wurde. Auf sein Drängen wurde dem Abkommen eine Präambel hinzugefügt, in der beide Parteien, die Tibeter wie die Gurkhas, «darin übereinstimmen, dem chinesischen Kaiser Respekt zu erweisen».[64] Die Anerkennung Nepals als Schutzmacht Tibets wirkte sich einige Jahre später bei der Übernahme der Regierung durch den Adligen Shatra aus, der sich zur offiziellen Bestätigung in seinem Amt nach Nepal und nicht nach China wandte.

In die Regierungszeit Shatras fiel auch der militärische Konflikt mit dem Fürstentum von Nyarong in Osttibet. 1863 besetzte der Fürst von Nyarong das Fürstentum von Derge. Die Regierung in Lhasa entsandte zwar eine Armee, doch die militärischen Auseinandersetzungen zogen sich fast zwei Jahre hin. Die Region wurde verwüstet, und eine Hungersnot brach aus. Erst im Herbst des Jahres 1865 kamen der Fürst von Nyarong und seine Familie während der Belagerung ihrer Burg um, und die Unruhen wurden niedergeschlagen.

Die Rime-Bewegung

Der Ausgang des Konflikts um Nyarong führte zur Unterstellung des unabhängigen osttibetischen Fürstentums von Derge unter die Zentralregierung von Lhasa. Traditionell wurde Derge von einem *Gyelpo*, einem «König», regiert, der seine Abstammung aus dem alten tibetischen Adelsklan der Gar herleitete. Das Fürstenhaus hatte sich jahrhundertelang als Gönner der Nyingmapa erwiesen, die in Derge vier große Klöster unterhielten. Nach der Niederschlagung der Unruhen bewahrte lediglich das politische Geschick der beiden bedeutendsten Nyingmapa-Geistlichen in Osttibet, Jamyang Kyentse Wangpo (1820–1892) und Jamgön Kongtrül Lodrö Taye (1813–1899), die Nyingmapa-Klöster vor Repressalien und Unterdrückung. Osttibet war aber nicht nur ein Zentrum der Nyingmapa, die im Unterschied zum mönchischen Buddhismus der Gelugpa größeres Gewicht auf die tantrische Praxis legten, sondern bildete den geographischen Mittelpunkt einer religiösen Bewegung, die den tibetischen Buddhismus bis heute wesentlich prägt. Die sogenannte *Rime*-Bewegung, die im 19. Jahrhundert entstand, stellte einen Höhepunkt in der intellektuellen Auseinandersetzung zwischen den einzelnen buddhistischen Lehrtraditionen sowie der Bön-Religion dar, die den tibetischen Buddhismus seit Jahrhunderten prägte. Der tibetische Begriff *rime* bedeutet wörtlich «grenzenlos, unparteiisch» und wurde schon im 11. Jahrhundert in der Chö-Lehrtradition[65] zur Charakterisierung einer Geisteshaltung verwendet, die die partikularen Standpunkte zugunsten einer universalistischen Haltung aufgibt. Die tibetische Geistesgeschichte war seit dem 11. Jahrhundert immer wieder von Auseinandersetzungen zwischen den Anhängern der «neuen Tantras», den *Sarmapa*, und den Anhängern der «alten Tantras» sowie den Bönpo geprägt. Die Streitigkeiten entzündeten sich besonders an der Legitimation bestimmter tantrischer Lehrzyklen und -texte, die von den Anhängern der «neuen Tantras» nicht als authentisches Buddha-Wort anerkannt wurden. Die gelehrten Dispute hatten stets dann politische Konsequenzen, wenn einzelne Lehrtraditionen politische Allianzen mit den verschiedenen Adelshäusern eingingen und es zu bewaffneten Konflikten kam. Oftmals wurden im Gefolge solcher militärischer Konflikte Klöster enteignet oder einzelne Lehrtraditionen verfolgt und unterdrückt. Ein Beispiel ist die Auflösung der Jonangpa-Klöster und ihre Überführung in Gelugpa-Besitz während der Regierungszeit des 5. Dalai Lamas. Den Nyingmapa-Klöstern in Derge blieb dieses Schicksal dank der umsichtigen und klugen Politik ihrer höchsten Repräsentanten in Osttibet erspart. Jamyang Kyentse Wangpo und Jamgön Kongtrül Lodrö Taye, die Hauptprotagonisten der *Rime*-Bewegung, hatten sich zum Ziel gesetzt, die verschiedenen, zum Teil in Vergessenheit geratenen tantrischen Traditionen, die sich in Tibet während zehn Jahrhunderten entwickelt hatten, zusammenzubringen und neu zu beleben. Die Bewegung griff schnell auf Zentraltibet über. So gelang es einem Vertreter der *Rime*-Bewegung aus Tsang, den Verwalter des Klosters Tashilhunpo zu überreden, die Druckstöcke zu den Jonangpa-Werken, die im zentraltibetischen Kloster Ganden Phüntsogling und in der Provinzhauptstadt von Latö aufbewahrt wurden, wieder freizugeben, so daß erstmals seit dem 17. Jahrhundert wieder Jonangpa-Werke gedruckt werden konnten.

Die *Rime*-Bewegung konzentrierte sich mehr auf nichtordinierte Lamas und Tantriker als auf den zölibatär lebenden Klerus. Sie bezog sich auf die ins 11. Jahrhundert zurückreichenden Traditionen der «richtungslos» von Ort zu Ort wandernden Tantra-Praktizierenden, die bei Lamas ganz unterschiedlicher Lehrtraditionen Belehrungen erhielten, und der «verrückten» (*smyon-pa*) Heiligen, die außerhalb aller sozialen Konventionen agierten, um ihre Einsicht in die Substanzlosigkeit der Welt oft sehr drastisch zu demonstrieren. Darüber hinaus wirkte die Bewegung stark außerhalb der religiösen Institutionen und Milieus in Laienkreisen, da sie sich auf das besonders in Osttibet populäre Heldenepos des Gesar von Ling bezog. Der Epenheld Gesar erscheint in mythischen Erzählungen als der Ahnherr der Menschen in Kham und als Kulturheros, der die Tibeter vor anti-buddhistischen Kräften beschützt. Eine Reihe von Nyingmapa- und Kagyüpa-Lamas haben dem Epos eigene Episoden hinzugefügt und die Rolle Gesars als «Bezähmer» der wilden, nicht-buddhistischen Menschen an den Grenzen Tibets hervorgehoben. Auf einer mythisch-narrativen Ebene war die *Rime*-Bewegung damit in die Sinndeutung Tibets und seiner Geschichte eingebunden.

Der 13. Dalai Lama

In der zweiten Hälfte des 19. Jahrhunderts ging die letzte Kaiserdynastie in China ihrem unaufhaltsamen Niedergang entgegen. Rebellionen wie der von 1853 bis 1864 während Taiping-Aufstand, die ständigen Auseinandersetzungen mit den immer weiter nach Asien vordringenden Kolonialmächten Frankreich und England sowie schließlich der chinesisch-japanische Krieg von 1894/95 führten zu einem rapiden Ansehensverlust Chinas innerhalb wie außerhalb des Landes. Der Zerfall im Inneren des Reichs brachte den Machtverlust an seinen Rändern mit sich. Gegen Ende des 19. Jahrhunderts war die formale Oberherrschaft der Qing-Dynastie über Tibet an ihrem Tiefpunkt angekommen. Das zeigte sich bei der Bestimmung der Wiedergeburt des 12. Dalai Lamas besonders deutlich, die mit Hilfe der traditionellen Verfahren und nicht mit Hilfe des vom Qianlong-Kaiser 1793 eingeführten und für verbindlich erklärten Losverfahrens durchgeführt wurde.

Die politische Situation im Tibet des ausgehenden 19. Jahrhunderts wurde aber nicht nur vom Machtverlust der Qing bestimmt, sondern auch von der Bedeutung, die der neue 13. Dalai Lama einnahm. Thubten Gyatso (1875–1933) war nach dem «Jahrhundert der Regenten» der erste Dalai Lama, der tatsächlich wieder die weltliche und geistliche Macht innehatte. Dies wurde auch im Ausland bemerkt. So urteilte der Vizekönig von Indien, Lord Curzon, im Jahr 1903: «Das erste Mal seit fast einem Jahrhundert befindet sich [Tibet] unter der Herrschaft eines Dalai Lamas, der weder ein Kind noch eine Marionette ist, sondern ein junger Mann von 28 Jahren, von dem angenommen wird, daß er eine größere persönliche Autorität als irgendeiner seiner Vorgänger besitzt, und *de facto* und *de iure* der Herrscher des Landes ist.»[66]

Der 13. Dalai Lama übernahm 1895, in seinem 20. Lebensjahr, die Regierungsgeschäfte.[67] Seine Vorgänger hatten entweder ihren Regierungsantritt nicht überlebt oder waren schon als Kinder gestorben. Thubten Gyatso war sich seiner Gefährdung wohl bewußt, und seine ersten Jahre im Amt waren von der Entlarvung eines Mordkomplotts gegen ihn begleitet, das der Regent Demo Rinpoche in die Wege geleitet hatte.

Im 19. Jahrhundert rückten Zentralasien und besonders Tibet
zunehmend in den Blickpunkt der europäischen Kolonialmächte,
vor allem Großbritanniens und Rußlands.[68] Seit dem späten
18. Jahrhundert bemühte sich Großbritannien, mit Tibet Handelsbeziehungen aufzunehmen. Die beiden Missionen der East India
Company nach Tashilhunpo hatten jedoch außer vagen Ver-
sprechungen des Panchen Lamas, den Handel mit der East India
Company zu fördern, keine konkreten Ergebnisse erzielt. Trotz
der ersten positiven Kontakte begann die tibetische Regierung
im frühen 19. Jahrhundert, die Briten zunehmend als Bedrohung
wahrzunehmen. Ihre Befürchtungen waren nicht gänzlich unbe-
gründet. Die Annexion von Assam 1826 und das Abkommen mit
Bhutan im Jahr 1865 stärkten die britische Position als Nachbarn
Tibets sowohl im Süden als auch im Westen. Zur ersten militärischen Auseinandersetzung zwischen britischen und tibetischen
Truppen kam es 1888, als die Briten ein tibetisches Truppenkontingent aus der Grenzgegend von Sikkim und Tibet vertrieben.
Zudem ermöglichte die Errichtung des englischen Protektorats
über Sikkim in der chinesisch-britischen Konvention von 1890
England den direkten Zugang zur tibetischen Grenze. Darüber
hinaus hatten die Briten im Gefolge des Opium-Kriegs 1839–1842
diplomatische Beziehungen zum Qing-Reich geknüpft und versuchten nun, über die Mandschus Tibet für den Handel zu öffnen.
1876 wurde der sogenannten *Chefoo Convention* zwischen dem
Qing-Reich und dem britischen Empire ein Artikel angefügt, der
die Briten berechtigte, eine Expedition nach Tibet zu entsenden.
Zu der Zeit sah Großbritannien offensichtlich die Qing-Ober-
herrschaft über Tibet noch als gegeben an. 1885 entsandten die
Briten eine Expedition nach Lhasa unter der Führung von Colman
Macaulay, die jedoch von tibetischen Truppen abgefangen und
zum Rückzug gezwungen wurde. Obwohl der Qing-Kaiser 1886
die tibetische Regierung in scharfem Ton zurechtwies, verweigerte

sie auch in den folgenden Jahren die Kooperation, zu der sie aufgrund verschiedener Abkommen zwischen Großbritannien und China verpflichtet war. Die Weigerung zeigt deutlich den Machtverlust der Qing-Dynastie in der zweiten Hälfte des 19. Jahrhunderts.

Die schwache Position der Qing in Tibet blieb weder in Rußland noch in England unbemerkt. Während England jedoch aufgrund der ablehnenden Haltung der tibetischen Regierung die Schwäche Chinas nicht zu seinen Gunsten ausnutzen konnte, profitierte Rußland. Zu den Untertanen des russischen Reichs zählten Mongolen, Kalmücken und Buryatmongolen, Anhänger des tibetischen Buddhismus, die in den Klöstern Zentraltibets studierten[69] sowie als Pilger Lhasa und andere Pilgerstätten in Tibet besuchten. Da Mönche, die in den zentraltibetischen Klosterinstitutionen studierten, religiöses Prestige und einen hohen sozialen Status in ihren Heimatregionen gewannen, lernten nicht nur Mongolen aus den zum Qing-Reich gehörenden Gebieten der Inneren und Äußeren Mongolei in Lhasa, sondern auch viele Buryatmongolen aus Transbaikalien. Sibirier trieben zudem Handel in Tibet. Sowohl George Bogle als auch Samuel Turner berichten schon Ende des 18. Jahrhunderts von sibirischen Handelskarawanen, die Pelze, Felle, Silber und Schachspiele nach Lhasa und Shigatse brachten.[70]

Russische Herrscher verfolgten seit dem 18. Jahrhundert zumeist eine tolerante Religionspolitik, was ihre buddhistischen Untertanen betraf. Im Jahr 1764 hatte die Zarin Katharina II. den *Bandido Chambo Lama* zum Oberhaupt der buryatischen Buddhisten ernannt. Oft ließ die Regierung den Klöstern in der Buryat-Mongolei finanzielle Unterstützung zukommen, auch gegen den Widerstand der russisch-orthodoxen Kirche, die unter den Buryaten missionierte. Gute Beziehungen mit Lhasa bedeuteten für das zaristische Rußland nicht nur eine deutliche Stärkung seiner Einflußsphäre in Zentralasien, sondern auch die Möglichkeit, neue Absatzmärkte zu erschließen. Aus diesen Gründen wurden eine ganze Reihe von russischen Expeditionen zur Erforschung Zentralasiens einschließlich Tibets in Gang gesetzt. Forscher wie

Potanin, die Grum-Grzhimajlo-Brüder, Kozlov und vor allem Przhevalskij sind auch in Westeuropa berühmt geworden. Der Orientalist Tsybikov, ein Buryatmongole, bereiste von 1899 bis 1902 Tibet und besuchte Lhasa und andere Pilgerstätten.[71] Pjotr Kozlov, ein Mitglied der kaiserlichen geographischen Gesellschaft, durchquerte die Mongolei und Tibet zweimal, 1905 und 1909, und traf auch mit dem 13. Dalai Lama zusammen.[72]

Den größten Einfluß auf die russisch-tibetischen Beziehungen am Ende des 19. Jahrhunderts aber hatte der 1853 geborene Buryatmongole Ngawang Lobzang Dorjiev, besser bekannt unter dem Namen Agvan Dorjiev. Dorjiev reiste 1872/73 nach Tibet, um im Drepung-Kloster seine Mönchsausbildung zu erhalten. 1888 erwarb er das höchste akademische Diplom der Klosteruniversität und wurde mit sechs weiteren Gelehrten ausgewählt, den jungen 13. Dalai Lama in buddhistischer Philosophie zu unterweisen. Er wurde zum Vertrauten und später zum Berater des 13. Dalai Lamas, eine Position, die ihm das Mißtrauen konservativer Kreise in Lhasa einbrachte, die jeden ausländischen Einfluß ablehnten. Dorjiev schaffte es anscheinend, den Dalai Lama angesichts der Schwäche des Qing-Reichs und der Bedrohung durch Großbritannien von den Vorteilen einer näheren Verbindung mit Rußland zu überzeugen. Nach einem ersten, inoffiziellen Besuch in St. Petersburg im Jahr 1898 reiste Dorjiev zwei Jahre später an der Spitze einer tibetischen Gesandtschaft in offizieller Mission nach St. Petersburg. Er überreichte dem Zar ein Schreiben des Dalai Lamas, in dem dieser sich für die Aufnahme freundschaftlicher Beziehungen zwischen Tibet und Rußland aussprach. Die russischen Autoritäten reagierten jedoch unverbindlich. Auch die im Jahr 1901 ebenfalls von Dorjiev durchgeführte, diesmal geheime Mission, die den Abschluß eines Abkommens zwischen Rußland und Tibet zum Ziel hatte, war erfolglos, da Rußland fürchtete, ein Abkommen mit Tibet würde zu einer rapiden Verschlechterung der britisch-russischen Beziehungen führen.

Die Younghusband-«Expedition»

Die Missionen Dorjievs nach Rußland im Auftrag des Dalai Lamas hatten weitreichende Konsequenzen für die britisch-tibeti-
schen Beziehungen. 1902 kursierten in England wilde Gerüchte
über ein geheimes Abkommen zwischen Tibet und Rußland, das
Tibets politische Neutralität beenden und das Land zu Rußlands
Verbündetem machen sollte. Ein solches Bündnis wäre den britischen Interessen in Zentralasien diametral entgegengesetzt gewesen, und daher versuchte Lord Curzon, die Regierung in London
zur Entsendung einer britischen Mission nach Lhasa zu bewegen,
um in direkte Verhandlungen mit dem 13. Dalai Lama einzutreten.
Die britische Regierung reagierte jedoch zurückhaltend auf das
Ansinnen und gestand der Mission unter der Leitung von Colo-
nel Francis Younghusband lediglich zu, jenseits der Grenze in
den Ort Khamba Dzong vorzurücken, um dort mit chinesischen
und tibetischen Abgesandten über die Aufnahme tibetisch-briti-
scher Handelsbeziehungen zu sprechen. Die tibetische Regierung
ignorierte jedoch die Aufforderung, Gesandte zu Verhandlungen
nach Khamba Dzong zu schicken, was Younghusband, mit Zustimmung von Lord Curzon und eher zögerlicher Zustimmung
der Regierung in London, zum Anlaß nahm, weiter auf tibetisches
Territorium vorzudringen. Mit einem Truppenkontingent von
3000 Soldaten besetzte er das Chumbi-Tal, nahm Gyantse ein und
traf schließlich am 3. August 1904 in Lhasa ein. Die schlecht
ausgerüstete tibetische Armee versuchte vergeblich, das Vor-
dringen der britischen Truppen zu verhindern. Als die Briten in
Lhasa einmarschierten, war der Dalai Lama nach Urga in die
Mongolei geflohen. Sein Siegel hatte er dem Abt von Ganden anvertraut und ihn zum Regenten während seiner Abwesenheit
ernannt. Der Qing-Kaiser setzte ihn daraufhin per kaiserlichem
Dekret ab.

Younghusband schloß, von London autorisiert, am 7. September 1904 mit der tibetischen Regierung ein Abkommen, die soge-

nannte *Lhasa Convention*. In ihr erkannte Tibet die britische Herrschaft in Sikkim an und stimmte der Aufnahme von Handelsbeziehungen mit den Briten zu. Das Chumbi-Tal wurde besetzt und unter britische Verwaltung gestellt. Darüber hinaus regelte das Abkommen die Beziehungen Tibets zu «ausländischen Mächten». Sie durften nur noch mit ausdrücklicher Zustimmung der Briten aufgenommen werden. England hingegen wurde das Recht eingeräumt, Repräsentanten in Tibet zu stationieren. Nach ihrem Abzug aus Lhasa stationierten die Briten in Gyantse und im südtibetischen Yatung zwei Handelsagenten als diplomatische Vertretungen.

Die internationalen Reaktionen auf die *Lhasa Convention* waren negativ. Rußland betrachtete das Abkommen als Verletzung der britischen Versprechen, sich nicht in die inneren Angelegenheiten Tibets einzumischen. China reagierte empört, da seine formale Oberherrschaft über Tibet in dem Abkommen mißachtet worden war. London bemühte sich im nachhinein um Schadensbegrenzung, indem es 1906 in einem britisch-chinesischen Abkommen die traditionelle Oberherrschaft der Mandschus anerkannte und Großbritannien lediglich Handelsrechte einräumte.

Chinesische Reaktionen

Der Einmarsch der Briten in Lhasa, der den Mandschus ihre schwindende Macht in Tibet drastisch vor Augen geführt hatte, führte zu einer neuen, aggressiven Tibet-Politik. China richtete sein Augenmerk zuerst auf Kham und die dortigen halb-autonomen Fürstentümer. 1905 wurde eine Verordnung erlassen, derzufolge die Zahl der Mönche im Kloster von Batang reduziert, ihre Neurekrutierung für die nächsten zwanzig Jahre verboten und der französischen katholischen Mission Land zugesprochen wurde. Die Maßnahmen führten zu einem Mönchsaufstand, in dessen Verlauf auch zwei der katholischen Missionare ums Leben kamen.

Eine unter dem Mandschu General Zhao Erfeng entsandte Armee zerstörte umgehend das Kloster. Die Truppen eroberten Batang, Derge, Dagyab und sogar Chamdo, die wichtigste Stadt von Kham. Die gesamte Bevölkerung wurde zu Untertanen des chinesischen Kaisers erkärt, Steuern durften nur noch den Chinesen gezahlt werden, traditionelle Steuern und Abgaben an tibetische Fürsten und Klöster wurden abgeschafft, und das chinesische Recht wurde eingeführt. Die Truppen des Generals zerstörten Tempel und Klöster, plünderten und mordeten.

Auch in Zentraltibet versuchten die Ambane während der Abwesenheit des Dalai Lamas die Mandschu-Herrschaft wieder zu festigen. Es existierten Pläne, die einheimischen Eliten zu sinisieren. Zu diesem Zweck wurde 1907 in Lhasa eine chinesische Schule eröffnet, und im darauffolgenden Jahr eine Militärschule. Darüber hinaus sollten Straßen und Telegraphenlinien gebaut werden.

Im Sommer 1905 richteten der tibetische Ministerrat und die drei Klosterinstitutionen die Bitte an den Qing-Kaiser, den Dalai Lama wieder in sein Amt einzusetzen. Zur gleichen Zeit entsandten sie eine Delegation in die Mongolei und baten den Dalai Lama, nach Lhasa zurückzukehren. Dieser verließ 1906 die Mongolei, mußte jedoch auf Befehl des Qing-Kaisers im Kloster Kumbum in Amdo Station machen. 1908 gewährte ihm der Kaiser in Peking eine Audienz, während der ihm der demütigende Titel «Unser loyaler und unterwürfiger Vize-Regent» verliehen wurde. Der Kontakt zu ausländischen diplomatischen Vertretungen wurde strikt reglementiert und durfte nur in Gegenwart von chinesischen Beamten stattfinden. China machte dem Dalai Lama unmißverständlich seine untergeordnete Position klar.

Ende 1909 kehrte der Dalai Lama endlich nach Lhasa zurück. Zur gleichen Zeit entsandte die Qing-Regierung ein großes Truppenkontingent, dessen Vorhut knapp zwei Monate nach ihm in Lhasa eintraf. Diesmal floh der Dalai Lama nach Indien, was zu seiner erneuten Absetzung durch China führte. Tatsächlich stellt die Periode zwischen 1907 und 1911 die einzige Zeit in der Geschichte Tibets unter der Qing-Dynastie dar, in der China seine Herrschaft mit militärischer Gewalt durchzusetzen versuchte. Der Versuch traf auf den erbitterten Widerstand der Tibeter und war schließlich zum Scheitern verurteilt.

5. Das unabhängige Tibet vor 1950

Die Rückkehr des 13. Dalai Lamas

Im indischen Darjeeling lernte der 13. Dalai Lama die Effizienz der britischen Kolonialverwaltung und die Vorteile einer funktionierenden Armee kennen und schätzen. Seine Freundschaft mit Sir Charles Bell, dem politischen Offizier der britischen Regierung in Sikkim, brachte ihn in Kontakt mit europäischen politischen und sozialen Ideen. Der dreijährige Aufenthalt prägte die politischen Visionen des 13. Dalai Lamas, die er nach seiner Rückkehr nach Tibet gegen den Widerstand des konservativen Klerus der drei großen Klosterinstitutionen durchzusetzen versuchte.

Inzwischen wurde der chinesischen Regierung die Unmöglichkeit bewußt, gegen den Widerstand der tibetischen Bevölkerung den Dalai Lama als Oberhaupt Tibets abzusetzen. Daher machte der Amban im Jahr 1910 dem Dalai Lama das Angebot, nach Lhasa zurückzukehren. Er sollte seine religiösen Pflichten wieder aufnehmen, aber nicht wieder in sein politisches Amt eingesetzt werden. In seinem Antwortschreiben[73] beharrte der Dalai Lama auf seiner politischen Position als weltliches Oberhaupt von Tibet und räumte China lediglich die Rolle einer formalen Oberherrschaft ein. Darüber hinaus bestand er darauf, eine dritte Macht, die Briten, in anstehende Verhandlungen einzubeziehen. Sein Ton war sehr direkt: «Da der Kaiser allein auf Empfehlung des Mandschu Ambans in Lhasa gehandelt hat, ohne die Unabhängigkeit Tibets und die religiöse Beziehung zwischen unseren beiden Ländern zu bedenken, meine ich, daß es nutzlos ist, direkt mit China zu verhandeln. Ich habe das Vertrauen in China ... verloren.»[74]

143

Die Revolution in China führte schließlich zur vorübergehenden Lösung des Konflikts um Tibet. Im Oktober 1911 wurde die Mandschu-Dynastie gestürzt, und im Februar des folgenden Jahres dankte der Kaiser, der noch ein Kind war, ab. Im ganzen Land kam es zu Aufständen. Als die Nachricht vom Sturz der Qing Lhasa erreichte, stürmten die dort stationierten Truppen die Residenz des Ambans und nahmen ihn gefangen. In Indien hatte inzwischen der Dalai Lama ein geheimes «Kriegsministerium» ernannt und eine bewaffnete Rebellion gegen die Chinesen eingeleitet. Die bewaffneten Auseinandersetzungen endeten im April 1912 mit einer Niederlage der Chinesen. Im Sommer desselben Jahres wurde durch nepalesische Mediation in einem «Drei-Punkte-Abkommen» zwischen Tibet und China der Rückzug sämtlicher chinesischer Truppen aus Zentral- und Osttibet vereinbart. Als der Dalai Lama 1913 nach Lhasa zurückkehrte, war die Stadt das erste Mal seit dem 18. Jahrhundert frei von chinesischen Truppen.

Der neu ernannte Präsident der chinesischen Republik sandte dem Dalai Lama ein Telegramm, in dem er ihn in alle seine Ämter wieder einsetzte, und versicherte sich auf diese Weise der Kontinuität der chinesisch-tibetischen Beziehungen. Der Dalai Lama antwortete abweisend und proklamierte kurze Zeit später die Unabhängigkeit Tibets: «Nun ist das chinesische Vorhaben der Kolonisierung Tibets unter der Gabenherr-Priester-Beziehung wie ein Regenbogen am Himmel verblichen.»[75]

Zugleich erließ er allgemeine Regelungen zur Wahrung von Recht und Ordnung im Land. So verbot er das Abtrennen von Gliedmaßen als Strafe für Verbrechen, die im vormodernen Tibet verbreitet gewesen war. Außerdem ermahnte er die Regierungsbeamten, ihre Untertanen nicht durch zu hohe Steuerabgaben und Enteignungen auszubeuten.

Die Jahre in Indien hatten den 13. Dalai Lama geprägt. Er hatte realisiert, daß Tibet eine moderne Armee brauchte, um nicht zum Spielball der es umgebenden Länder zu werden. Notwendig waren außerdem eine funktionierende Infrastruktur und ein Bildungswesen, das sich nicht auf die Vermittlung des klassischen buddhistischen Bildungskanons beschränkte. Seine Visionen versuchte er vor allem durch den Aufbau internationaler Kontakte und eine Öffnung des Landes zu erreichen. Vier junge Tibeter wurden nach England entsandt. Sie studierten Elektrotechnik, Bergbau und Telegraphie, einer wurde zum Militäroffizier ausgebildet. Nach ihrer Rückkehr führten sie moderne Technologien in Tibet ein. Eine Telegraphenlinie von Lhasa nach Gyantse wurde eingerichtet, ein Kraftwerk erbaut, das die Straßen Lhasas mit elektrischer Beleuchtung versah, und der zurückgekehrte Offizier begann mit der Ausbildung der tibetischen Armee. Er erhielt später Unterstützung durch einen japanischen Militärexperten, der vom 13. Dalai Lama ins Land geholt worden war. Das Postwesen wurde reformiert und Papiergeld eingeführt. Einschneidende Reformen betrafen den Bildungssektor. Frank Ludlow, ein Schulinspektor aus Indien, errichtete 1924 nach dem Vorbild englischer Oberschulen eine Schule in Gyantse. In den Jahren 1922 und 1923 wurde in Lhasa eine moderne Polizeitruppe unter der Leitung eines Polizeioffiziers aus Sikkim aufgestellt. Darüber hinaus gründete der Dalai Lama eine medizinische Fakultät, sorgte für die Instandsetzung einer Reihe von Tempeln und gründete die Druckerei von Shöl am Fuße des Potala, die später nicht nur buddhistische Texte druckte, sondern auch aus dem Japanischen und europäischen Sprachen übersetzte Militärhandbücher.

Die Reformversuche des 13. Dalai Lamas stießen auf erbitterten Widerstand beim konservativen Klerus der drei großen Klosterinstitutionen Sera, Drepung und Ganden. Man sah offensichtlich das klösterliche Bildungsmonopol bedroht und fürchtete das Eindringen neuer, nicht-buddhistischer Werte. Neue Wirtschaftszweige wie der Goldabbau konnten nicht erschlossen werden, da nach traditionellem Glauben der Bergbau die «Erdherren», eine Gruppe von Geistern des Territoriums, aufschreckte. Entscheidend für das Scheitern der Modernisierung des Landes sollte sich jedoch der Versuch erweisen, eine moderne Armee aufzubauen. Der Adlige Tsarong, der die Modernisierung der Armee leitete, und die militärischen Befehlshaber waren Männer, die zum Entsetzen des konservativen Klerus eine Vorliebe für englische Kleidung und Werte an den Tag legten. Die religiösen Eliten konnten den Dalai Lama schließlich davon überzeugen, daß das Militär eine Bedrohung für das buddhistische Tibet und damit letztlich für den Dalai Lama als Herrscher Tibets darstellte. Als sich in der Aristokratie Lhasas der englische Einfluß durch das vermehrte Tragen von europäischer Kleidung und Tabakgenuß bemerkbar machte, verbot der Dalai Lama, europäische Kleidung zu tragen. 1926 wurde der Tabakimport gestoppt und vorhandener Tabak beschlagnahmt. Europäische Kleidung und Tabak waren nicht nur vor achtzig Jahren ein Zeichen für Traditionsverlust und europäische «Dekadenz» im tibetisch-buddhistischen Raum: Noch zu Beginn des 21. Jahrhunderts sind in Bhutan genau die gleichen Vorschriften zur Bewahrung traditioneller Werte erlassen worden. Im Tibet der zwanziger Jahre wurden auch die anderen Reformprojekte wie die Schule in Gyantse beendet. Einzelne Adlige schickten ihre Kinder zwar nach Indien zur Ausbildung, aber in Tibet gab es bis zur Eröffnung der englischen Schule 1944 in Lhasa keine Möglichkeit mehr, Englisch zu lernen.

Die Konferenz von Simla

Die neugegründete Republik China hatte ihren Anspruch auf Tibet nicht aufgegeben, sondern führte die mandschurische Politik in veränderter Form weiter. Die Tibeter waren nun nicht mehr an das Qing-Reich angeschlossene Völker der «Außengebiete», sondern wurden zu Bürgern Chinas, ihr Land zu einem integralen Teil der chinesischen Republik, wie aus der Erklärung des chinesischen Präsidenten 1912 hervorging: «Nun, da die fünf Völker [die Chinesen, Mandschu, Mongolen, Tibeter und Türken] in einer demokratischen Union vereint sind, werden die Gebiete innerhalb der Grenzen der Mongolei, Tibets und Turkestans alle ein Teil des Territoriums der Republik China, und die Völker, die diese Gebiete bewohnen, sind alle gleichermaßen Bürger der Republik China... In Zukunft werden sämtliche Verwaltungsangelegenheiten im Zusammenhang mit diesen Gebieten in den Bereich der inneren Verwaltung fallen.»[76]

Der Dalai Lama sah sich daher bei seiner Rückkehr nach Lhasa gezwungen, mit China so schnell wie möglich zu einer politischen Lösung zu kommen, zumal China auf militärische Stärke setzte und im Sommer 1912 die osttibetischen Gebiete zurückerobert hatte. Großbritannien war ebenfalls daran interessiert, die Tibetfrage zu lösen, da es die nördlichen Grenzen seines Kolonialreichs mit Tibet als einer Art Pufferzone zu China sichern wollte. Auf britischen Druck hin fanden Ende 1913 auf neutralem indischen Boden Gespräche zwischen den Bevollmächtigten Chinas, Tibets und Großbritanniens statt, deren Ergebnisse im Abkommen von Simla 1914 festgehalten wurden. Das Land wurde in ein Äußeres (Zentral- und Westtibet) und ein Inneres Tibet (Osttibet) aufgeteilt. Das Abkommen garantierte die Autonomie Zentral- und Westtibets, allerdings unter chinesischer Suzeränität,[77] während der zentraltibetischen Regierung in Kham nur in religiösen Angelegenheiten Autonomie zugestanden wurde. Tibet durfte im Gegenzug China nicht als ausländische Macht betrachten. China und Großbritannien durften über tibetische Angelegenheiten nicht direkt, ohne Einbeziehung tibetischer Bevollmächtigter, verhandeln.

China weigerte sich jedoch, das Abkommen zu ratifizieren, so daß es schließlich nur von Großbritannien und Tibet am 3. Juli 1914 unterzeichnet wurde. Neben dem Abkommen von Simla wurden zwei separate Abkommen zwischen Tibet und Großbri-

tannien geschlossen, in denen den Briten weitreichende Handels-
vollmachten eingeräumt sowie die indo-tibetische Grenze östlich
von Bhutan neu bestimmt wurde. Das heute zu Indien gehörende
Arunachal Pradesh fiel an das britische Kolonialreich. Die neue
Grenze, nach dem britischen Bevollmächtigten «McMahon Line»
genannt, wird heute noch von China angefochten.

Die chinesische Weigerung, die Konvention zu unterzeichnen,
brachte Tibet nicht die erstrebte Sicherheit an seinen Ostgren-
zen. Die Regierung war gezwungen, ein Truppenkontingent von
10 000 Soldaten dauerhaft in Kham zu stationieren, was eine starke
Belastung für die tibetische Wirtschaft darstellte. Großbritannien
verweigerte die logistische Unterstützung des tibetischen Militärs
und lehnte es auch ab, modernes Kriegsgerät zu verkaufen.
Schließlich beschaffte sich die tibetische Regierung Waffen durch
private Händler in Kalkutta. Mit ihrer Hilfe gelang es ihnen 1918,
einen Vorstoß chinesischer Truppen in Kham erfolgreich abzuwehren. In den osttibetischen Regionen kam es jedoch auch in den
folgenden Jahrzehnten immer wieder zu militärischen Konflikten
mit China.

Panchen Lama und Dalai Lama

Als der Dalai Lama 1910 nach Indien floh, bat er in einem Schreiben den Panchen Lama, ihn zu begleiten. Dieser lehnte jedoch ab.
Stattdessen nahm er eine Einladung des Ambans nach Lhasa an.
Dort wohnte er in den Privatgemächern des Dalai Lamas, besuchte zusammen mit dem Amban verschiedene Feste und nahm
in religiösen Zeremonien den Platz des Dalai Lamas ein. Die pro-
chinesische Haltung des Panchen Lamas zeigte sich auch nach
dem Sturz der Qing-Dynastie, als sich seine Beamten nicht an der
Vertreibung der in Shigatse stationierten chinesischen Truppen
beteiligten. Aufgrund dieser Ereignisse war das Verhältnis zwischen den beiden höchsten *Tulku* der Gelugpa angespannt. Der
latente Konflikt eskalierte einige Jahre später in einem Steuerstreit

zwischen der Zentralregierung in Lhasa und den Landgütern des Panchen Lamas in Tsang. Da die vom 13. Dalai Lama in die Wege geleitete Modernisierung der Armee und die Truppenstationierung in Kham sehr teuer waren, wurde den großen Klöstern eine Sondersteuer auferlegt. Dies betraf auch Tashilhunpo, dessen Oberhaupt, der Panchen Lama, abgesehen von der Zentralregierung die meisten Ländereien in Tibet besaß. Die Regierung in Lhasa machte über die Sondersteuer hinaus einen Präzedenzfall aus dem Jahr 1791 geltend, als die Gurkha-Truppen Tashilhunpo angegriffen hatten und der Panchen Lama für ein Viertel der entstandenen Kriegskosten aufgekommen war. Er sollte nun für ein Viertel der Kosten der Kriege mit Großbritannien 1888 und 1904 sowie mit China 1912–1913 aufkommen, aber zahlte nur einen Teil der Summe. Die Situation spitzte sich weiter zu, als die Zentralregierung von Lhasa von der Tashilhunpo unterstellten Landbevölkerung von Tsang Abgaben für den Postdienst forderte. Tashilhunpo war jedoch im Besitz von Dokumenten, die die Befreiung von dieser Abgabe belegten, und zahlte nicht. Angesichts des immer höher anwachsenden Schuldenbergs floh der Panchen Lama am 26. Dezember 1923 heimlich in die Mongolei und später nach China, wo er mit offenen Armen empfangen wurde. Die Verwaltung seiner Ländereien in Tsang übernahm umgehend ein Beamter der Regierung in Lhasa. Obwohl der Dalai Lama in den folgenden Jahren den Panchen Lama zur Rückkehr nach Tibet zu bewegen versuchte, begann dieser seine Rückkehr erst nach dem Tod des 13. Dalai Lamas im Jahr 1933 zu planen. Er hatte vor, mit einer Begleitung von zwanzig chinesischen Beamten und einer persönlichen Leibgarde von fünfhundert chinesischen Soldaten nach Lhasa und Tashilhunpo zu reisen. Die Präsenz chinesischer Truppen in Lhasa wurde jedoch als unmittelbare Bedrohung der Unabhängigkeit Tibets empfunden, zumal die chinesische Regierung es nach dem Tod des 13. Dalai Lamas verstanden hatte, erneut eine permanente chinesische Mission zu etablieren. Daher verweigerte die tibetische Regierung den Chinesen in der Begleitung des Panchen Lamas die Einreise. Nach dem Ausbruch des sino-japanischen Kriegs 1937 riet ihm zudem die chinesische Regierung dringend von einer Rückkehr nach Tibet ab mit der Begründung, sie könnte nicht für seine Sicherheit garantieren. Der Panchen Lama starb noch am Ende desselben Jahres im chinesischen Exil.

Seit der Zeit des 5. Dalai Lamas bestand zwischen dem Panchen Lama und dem Dalai Lama immer ein besonderes Lehrer-Schüler-Verhältnis. Beide werden in Tibet als «Sonne und Mond» oder «Vater und Sohn» bezeichnet, weil der jeweils Ältere für die religiöse Unterweisung des Jüngeren zuständig ist. Darüber hinaus bestätigen sie sich jeweils in ihren Wiedergeburten. So hat 1995 der 14. Dalai Lama den 1989 geborenen 8. Panchen Lama anerkannt, der wenige Wochen nach seiner Inthronisation in Tashilhunpo spurlos verschwand. Der hier geschilderte Konflikt, der das Verhältnis der beiden höchsten Gelugpa-Würdenträger im 20. Jahrhundert geprägt hat, ist letztlich im Politischen begründet, in der jahrhundertealten Rivalität der beiden Provinzen Ü und Tsang. Es ging um das Ausmaß der politischen Autorität der Zentralregierung von Lhasa. Dieser Autorität wollte sich der Panchen Lama als Oberhaupt der semi-autonomen Provinz von Tsang nicht beugen, was besonders deutlich in seiner Forderung nach einer eigenen, in Tsang stationierten Armee zum Ausdruck kam. China nutzte den Konflikt zwischen den beiden Parteien geschickt aus und instrumentalisierte die religiöse Autorität des Panchen Lamas für seine politischen Zwecke.

Die Jahre der Regentschaft

Der Tod des 13. Dalai Lamas im Jahr 1933 hinterließ ein politisches Vakuum in einem Land, das sich von mächtigen Nationen umgeben sah, deren strategische Ziele immer auch auf Tibet gerichtet waren. Großbritannien war an einer möglichst weitgehenden Unabhängigkeit Tibets interessiert, während China eine aktive Politik der Integration des Landes in chinesisches Territorium verfolgte. Die Schwächung der tibetischen Armee nach der gescheiterten Modernisierungskampagne ließ Tibet wenig Spielraum in der Außenpolitik, da es nicht in der Lage war, das Land gegen eine Invasion fremder Truppen zu schützen. Innenpolitisch waren die begonnenen Reformen abgebrochen und die wenigen Modernisierer marginalisiert worden. Die religiösen Eliten der drei großen Klosterinstitutionen bei Lhasa betrachteten jede zaghafte Öffnung des Landes gegenüber westlichen Einflüssen als Bedrohung der buddhistischen Grundlagen des tibetischen Staates. Auch die Regierung, die aus Mitgliedern des Adels und des Klerus bestand, war mehrheitlich konservativ. Als die Ernennung des Regenten in der Interimsperiode zwischen dem Tod des 13. Dalai Lamas und der Regierungsfähigkeit seines Nachfolgers anstand, optierten einige Regierungsbeamte dafür, einen politisch erfahrenen Regenten zu ernennen. Die religiösen Kräfte setzten sich jedoch durch, und es wurde ein inkarnierter Lama gewählt, der noch sehr jung und politisch völlig unerfahren war, Reting Rinpoche. Er sollte zusammen mit dem *Lönchen* Langdün, dem ranghöchsten tibetischen Beamten und Neffen des 13. Dalai Lamas, der jedoch als schwache Persönlichkeit bekannt war, das Land regieren.

Nur vier Monate nach der Wahl von Reting Rinpoche zum Regenten unternahm der Beamte Lungshar, der 1913 die vier tibetischen Jugendlichen nach England begleitet hatte, einen kühnen Versuch, die Struktur der tibetischen Regierung zu reformieren und an die veränderten politischen Gegebenheiten des 20. Jahrhunderts anzupassen. In seiner neu gegründeten politischen Partei, die sich *Kyicho Künthün*, «Alle vereint auf der Seite des Glücks», nannte, versammelte er die reformfreudigen Kräfte innerhalb der Regierung, aber auch innerhalb der Klöster, und arbeitete eine neue Regierungsstruktur aus, die die Macht des höchsten Regierungsamtes, des *Kashag*, unter dem Regenten und höchsten Minister eingeschränkt und es teilweise der Nationalversammlung verantwortlich gemacht hätte. Die Reformbewegung scheiterte, und Lungshar wurde grausam bestraft. Er wurde geblendet, seine

Landgüter wurden konfisziert und seine Nachkommen durften keine Ämter in der Regierung mehr bekleiden. Diese unverhältnismäßige Bestrafung diente als Warnung an alle, die Reformen anstrebten.

Reting Rinpoche entwickelte sich in den folgenden Jahren zu einem machthungrigen und skrupellosen Politiker. Innerhalb kurzer Zeit zwang er Langdün zum Rücktritt, so daß er im April 1939 der alleinige Regent von Tibet war. Aufgrund seiner Skrupellosigkeit, Grausamkeit und sexuellen Zügellosigkeit machte er sich viele Feinde. Im Jahr 1940 tauchten in Lhasa als Form der öffentlichen Kritik Wandposter auf, auf denen in satirischen Versen die unersättliche Gier Reting Rinpoches karikiert wurde:

> Der Wolf, der zwischen Berg und Ebene lebt, ist satt geworden.
> Der Fuchs, der zwischen zwei Flüssen lebt, hat seinen Durst gestillt.
> [Auch] nachdem er den Berg gegessen hat, ist der Regent nicht satt,
> nachdem er den Ozean ausgetrunken hat, hat er seinen Durst nicht gelöscht.[78]

Die Jahre der Regentschaft Reting Rinpoches waren durch innenpolitische Stagnation, dubiose Geldgeschäfte des *Labrang* des Regenten, der zu einem der drei größten Wollhändler Tibets aufstieg, und Intrigen bestimmt. Retings großer Reichtum ermöglichte es ihm, mißliebige Beamte, die ihn in Frage stellten, zu beseitigen. In diese Jahre fiel auch die Suche nach der Wiedergeburt des 13. Dalai Lamas. Der 14. Dalai Lama Tenzin Gyatso wurde 1935 in dem Dorf Taktser in Amdo geboren. Amdo war chinesisches Gebiet, das aber unter der Kontrolle des muslimischen Kriegsherrn Ma Pu-fang stand, und dieser verlangte und erhielt für die Ausreise des jungen 14. Dalai Lamas die hohe Summe von 400 000 Silbermünzen. 1939 wurde der 14. Dalai Lama in Begleitung einer großen Karawane muslimischer Händler nach Lhasa gebracht, wo er im folgenden Jahr inthronisiert wurde. Anwesend dabei waren auch der Präsident des «Mongolischen und Tibetischen Büros» der chinesischen Regierung sowie Basil Gould, der politische Offizier der Briten in Sikkim.

1940 dankte der Regent plötzlich ab und schlug vor, Taktra Rinpoche, einen schon älteren und bislang politisch unbekannten Lama, zum Regenten zu ernennen. Die Abdankung des Regenten auf dem Höhepunkt seiner Macht kam überraschend, war jedoch wohl in seinen religiösen Pflichten begründet. Der junge 14. Dalai Lama würde 1942 zum Novizen ordiniert werden und mußte dabei eine Reihe von Gelübden ablegen, u. a. auch das Gelübde der Keuschheit. Gewöhnlich nahm der ältere Tutor des Dalai Lamas, also der Regent, ihm das Novizengelübde ab. Da sich Reting jedoch nicht an sein eigenes Keuschheitsgelübde hielt, war er dazu moralisch nicht geeignet. Das vor ihm abgelegte Novizengelübde würde ungültig sein. Das Dilemma wurde auch öffentlich thematisiert: 1940 tauchten in Lhasa und Drepung Wandposter auf, die sagten: «Da Reting keine Gelübde besitzt, ist es nicht richtig, wenn er dem *Gyewa Rinpoche* die religiösen Gelübde abnimmt.»[79]

Nach seiner Abdankung zog sich Reting Rinpoche in das Kloster Reting zurück und betrat Lhasa bis 1944 nicht mehr. Er hatte jedoch von Anfang an vor, nach dem Noviziat des 14. Dalai Lamas nach Lhasa zurückzukehren und seine Regentschaft wiederaufzunehmen.

1941 übernahm Taktra Rinpoche das Amt des Regenten. Seine Regentschaft bedeutete die Rückkehr zu den moralischen Standards, die der 13. Dalai Lama gesetzt hatte. Er scheute sich nicht, selbst hohe Adlige in ihre Schranken zu weisen. So tadelte er das rüde und gewalttätige Auftreten des Vaters des 14. Dalai Lamas in einem öffentlichen Dekret und drohte ihm und seinen Bediensteten mit Bestrafung. Darüber hinaus beendete er das System der Begünstigungen von Reting-Anhängern. Reting hatte Taktra Rinpoche massiv unterschätzt. Als er 1944 nach Lhasa zurückkehrte und ihn zum Rücktritt zu bewegen versuchte, weigerte Taktra sich, und Reting mußte Lhasa unverrichteter Dinge wieder verlassen. Retings Pläne, den Regenten und seine engsten Vertrauten zu ermorden, schlugen ebenso fehl wie seine Hilfsgesuche an China. Sein Bittgesuch um militärische und politische Unterstützung an

Dabdob, einer der sogenannten «kämpfenden Mönche», die während der Neujahrsfeierlichkeiten in Lhasa für Ordnung sorgten.

Chiang Kai-shek führte zu seiner Festnahme 1947. Er starb noch im selben Jahr im Gefängnis, wahrscheinlich nach einem Giftanschlag.

Reting hatte jedoch immer noch Sympathisanten, vor allem im Sera Je-Kolleg des Sera-Klosters, das sich nun offen gegen die Regierung stellte. In den drei großen Klosterinstitutionen waren zwischen 10 und 15 Prozent der Mönche, also etwa 2 000 Personen, sogenannte *Dabdob*, «Kampfmönche», die eine schlagkräftige Truppe zur Durchsetzung der klösterlichen Interessen bildeten. Nach der Festnahme Retings kam es zu Kampfhandlungen zwischen den Mönchen des Sera Je-Kollegs und Regierungstruppen in Lhasa. Die Armee stürmte schließlich das Kloster, und die Mönche waren zur Kapitulation gezwungen.

Diese Ereignisse illustrieren, daß Lhasa 1947 in zwei große Parteien gespalten war, in eine Reting-Partei und eine Taktra-Partei. Die Spaltung betraf auch die Regierung, in der manche Mitglieder sogar ein Eingreifen der Chinesen zugunsten von Reting befürworteten.

Gendün Chöphel: Tibets Weg in die Moderne

Es wäre historisch falsch, die tibetische Gesellschaft in der ersten Hälfte des 20. Jahrhunderts als monolithische, auf der Tradition beharrende Gesellschaft zu beschreiben, und die vielfältigen Strömungen, die schon vor dem 20. Jahrhundert immer wieder zu einem Aufbrechen des festgelegten Traditionsstroms geführt hatten, nicht zu erwähnen. Tendenzen zu Festschreibungen kulturellen und religiösen Sinns, die sich in einem Beharren auf Tradition äußern, bestehen in allen Gesellschaften. Solche Festschreibungen transportieren jedoch stets alternative Möglichkeiten der Sinngebung mit, und sei es als bedrohliche Alternativen, die es zu verhindern gilt. In Tibet standen die Aushandlungsprozesse kulturellen und religiösen Sinns stets in einem Spannungsverhältnis zwischen einem klerikalen und einem fast anti-klerikal zu nennenden Deutungsmuster. Mit dem Aufstieg der Gelugpa und der Institution der Dalai Lamas im 17. Jahrhundert setzte sich zwar die klerikale Deutung tibetischer Kultur und Religion durch, die tantrischen und die mit ihnen in enger Verbindung stehenden autochthonen Traditionen spielten jedoch weiterhin eine bedeutende Rolle, was sich u. a. an den öffentlichen Inszenierungen tantrischer Rituale und an der Institutionalisierung der Schutzgottheiten in den Staatsorakeln ablesen läßt. Tantrische Religiosität war in vielfältiger Weise im gesellschaftlichen Diskurs präsent. Mit ihr war eine Möglichkeit gegeben, abweichende Meinungen, die neu und innovativ waren, in ein ebenfalls bekanntes und gesellschaftlich anerkanntes Deutungsmuster einzuordnen.

Den vielleicht gründlichsten Versuch, die erstarrten politischen und religiösen Strukturen der traditionellen tibetischen Gesellschaft aufzubrechen, hat ein Mann unternommen, der neben dem 13. und 14. Dalai Lama wahrscheinlich die bekannteste tibetische Persönlichkeit des 20. Jahrhunderts ist, der Literat und Reformer Gendün Chöphel (1903–1951). Einer breiteren Öffentlichkeit ist er im Jahr 2005 durch den Film «Angry Monk» bekannt geworden, der sein Leben nacherzählt.

Gendün Chöphel hat sich selbst nicht nur als «Bettler aus Amdo», sondern auch als «Verrückter» bezeichnet.[80] Damit nahm er auf die Tradition der «verrückten Heiligen» Bezug, tantrischer Adepten, die sich nicht an gesellschaftliche Normen und Regeln gebunden fühlen. Geboren in Amdo, wurde er als Kind als Wiedergeburt eines bekannten Nyingmapa-Lamas anerkannt. Er erhielt seine weitere Ausbildung in dem großen Gelugpa-Kloster Labrang Tashikhyil in Amdo und ab 1927 in Drepung bei Lhasa. In Lhasa begegnete er 1934 dem Sanskrit-Gelehrten Rahul Sankrityayan (1893–1963), dem er sich auf der Suche nach alten Sanskrit-Manuskripten in tibetischen Klöstern anschloß. Dem Mönchsleben kehrte er den Rücken und reiste noch im selben Jahr zusammen mit Sankrityayan nach Nordindien, wo er insgesamt zwölf Jahre blieb. Während dieser Zeit nahm er Kontakt zu in Darjeeling lebenden tibetischen Intellektuellen auf, die 1939 die revolutionäre «Tibet Improvement Party» gegründet hatten, um Tibet zu modernisieren. Es ist nicht ganz klar, ob er Mitglied der Partei wurde und seine Mitgliedschaft zu seiner Verhaftung nach seiner Rückkehr nach Tibet im Jahr 1946 führte.

Gendün Chöphel war ein brillianter Gelehrter und Künstler. Er verfaßte eine Reihe von Werken, u. a. eine unvollendet gebliebene Geschichte Tibets, in der er die kurz zuvor entdeckten Dunhuang-Dokumente berücksichtigte. Die Einbeziehung der neu entdeckten Texte und die daraus folgende neue Darstellung der Geschichte Tibets jenseits altbekannter buddhistisch-historiographischer Topoi stellt die erste methodisch reflektierte Anwendung der historisch-kritischen Methode in der tibetischen Historiographie dar. Aber auch schon früher haben tibetische Historiographen die ihnen zur Verfügung stehenden Quellen oft einer kritischen Bewertung unterzogen, so z. B. der Gelehrte Gö Lotsava, der im 15. Jahrhundert lebte, oder der Autor des «Freudenfest der Gelehrten» aus dem 16. Jahrhundert. Gendün Chöphel konnte also auch auf historiographische Vorbilder seiner eigenen Tradition zurückgreifen.

Dem «Bettler aus Amdo» kommt inzwischen für die intellektuelle Elite in Tibet und der Exilgesellschaft der Kultstatus eines Rebellen gegen das «alte» Tibet zu. Dabei wird oft verkannt, daß er in vielerlei Hinsicht dem Rollenmodell des tantrischen Yogin entsprach, das in tibetischen Gesellschaften abweichendes Verhalten gesellschaftlich sanktionierte. Gendün Chöphel knüpfte an dieses Rollenmodell wohl auch bewußt an, wie sein Pilgerführer zu den buddhistischen Stätten Indiens erahnen läßt, den er während seiner indischen Jahre verfaßte. Ein tantrischer Yogin besucht in einer bestimmten Phase seiner spirituellen Entwicklung die 24 tantrischen Kraftorte und die acht Leichenplätze der buddhistischen Tradition. In seinem Pilgerführer widmete Gendün Chöphel einen ganzen Abschnitt der Beschreibung dieser 24 Kraftorte.[81]

Kurz nach seiner Rückkehr nach Lhasa im Jahr 1946 wurde Gendün Chöphel verhaftet und mußte die nächsten Jahre im Gefängnis verbringen. Die Gründe für seine Verhaftung sind immer noch unklar. Einer seiner Biographen meint, daß «aus Eifersucht viele Zwietracht säende, giftige Pfeile unter den Mönchsroben hervorgeschossen wurden.»[82] Nach seiner Entlassung aus dem Gefängnis trugen die erlittenen Entbehrungen genauso wie seine Alkoholsucht zu seinem frühen Tod 1951 bei.

Im tragischen Leben Gendün Chöphels zeigen sich die Spannungen zwischen der dominanten klerikalen Tradition mit ihrer Mönchshierarchie und einer starren hierarchischen Gesellschaft und den anti-klerikalen, «anarchischen» Elementen, die sich keiner Obrigkeit, sei sie politisch oder religiös legitimiert, beugen. Sie haben die Gesellschaft in den zentraltibetischen, von Lhasa dominierten Regionen nicht erst zu Beginn des 20. Jahrhunderts gekennzeichnet.

6. Unter chinesischer Herrschaft: Tibet nach 1950

Die politische Situation nach dem Zweiten Weltkrieg

Die politische Landschaft in Asien änderte sich nach dem Ende des Zweiten Weltkriegs grundlegend. Indien erlangte 1947 die Unabhängigkeit, und für die tibetische Regierung stellte sich die Frage, ob das unabhängige Indien die britische Tibet-Politik fortsetzen würde. Die neue indische Regierung hielt es indes für wichtiger, mit China gute Beziehungen herzustellen, als den Anspruch auf die tibetische Unabhängigkeit zu unterstützen. Tibet wiederum versuchte, mit Indien neu über die ehemaligen tibetischen Gebiete, die Großbritannien annektiert hatte, zu verhandeln, und erkannte erst im Juni 1948 Indien als Nachfolgestaat Britisch-Indiens an. Diese verspätete Anerkennung kostete Tibet in indischen Regierungskreisen viele Sympathien.

1947/48 entsandte Tibet unter dem Deckmantel einer «Handelsmission» eine erste offizielle Delegation nach Indien, China, Großbritannien und die USA, um sich in der Nachkriegsordnung als unabhängige Nation Gehör zu verschaffen und direkte Handelskontakte vor allem mit Großbritannien und den USA anzuknüpfen. Die Mission war von diplomatischen Verstimmungen der chinesischen Regierung begleitet, die die Anerkennung der von der tibetischen Regierung ausgestellten Pässe durch die Regierungen der betroffenen Länder zu verhindern versuchte. Obwohl die tibetische Mission Visa für die USA erhielt, behandelte die US-Regierung die Tibeter nicht als offizielle Gesandte eines ausländischen Staates. Die Briten weigerten sich sogar, Visa auf tibetische Pässe auszustellen.

In China brach nach der Kapitulation Japans 1945 ein Bürgerkrieg zwischen der Guomindang unter Chiang Kai-shek und den Kommunisten unter Mao Zedong aus, der im Herbst 1949 zugunsten der Kommunisten entschieden wurde. Am 1. Oktober 1949 gab Mao Zedong offiziell die Gründung der Volksrepublik China bekannt.

Der Einmarsch der Volksbefreiungsarmee

Der Bürgerkrieg in China und der bevorstehende Sieg der Kommunisten wurden in Tibet mit größter Sorge beobachtet. Die Regierung in Lhasa reagierte auf die bevorstehende Bedrohung mit der Ausweisung aller chinesischen Beamten und aller Personen, die sie als Spitzel Chinas verdächtigte. Weitere Maßnahmen bestanden in der Aufrüstung der Armee durch Waffen- und Munitionskäufe in Indien. Darüber hinaus wurden einzelne tibetische Truppenkontingente von den in Gyantse stationierten indischen Truppen trainiert. Truppen und Waffen wurden nach Nagchukha und Kham geschafft, um die Grenzen zu sichern. Bei dem Versuch, Telegraphenlinien einzurichten, machte sich jedoch die verfehlte Bildungspolitik bemerkbar, denn nur wenige Tibeter beherrschten die englische Sprache und waren in der Lage, die Telegraphenlinien zu bedienen. Die 1944 eröffnete englische Schule in Lhasa hatte durch den Druck konservativer klerikaler Kreise nach nur fünf Monaten wieder schließen müssen.

Das kommunistische China verfolgte von Beginn an eine Politik der «Wiedervereinigung» Tibets mit dem chinesischen «Mutterland». Die Unabhängigkeitsbestrebungen Tibets galten als Zeichen imperialistischen Einflusses. Am 1. Januar 1950 verkündete Radio Peking in seiner Neujahrsansprache die Absicht Chinas, Tibet durch den Einmarsch der Volksbefreiungsarmee vom «britischen imperialistischen Joch zu befreien». Die tibetische Regierung hatte schon 1949 an die Regierungen von Großbritannien, den USA und Indien appelliert, jedoch weder von Indien noch England Unterstützung erhalten. Die US-Regierung erwog zwar die Entsendung einer diplomatischen Mission nach Tibet, gab den Plan jedoch aufgrund des indischen Widerstands auf. Die UdSSR unterstützten das kommunistische China. Am Vorabend der chinesischen Invasion war Tibet politisch isoliert.

Am 5. Oktober 1950 überquerten die Truppen der Volksbefreiungsarmee den Yangtse und nahmen nach drei Wochen die Stadt Chamdo ein. Der Oberbefehlshaber der tibetischen Armee in Osttibet und Gouverneur von Kham, Ngabo Ngawang Jigme, ergab sich den Chinesen. Erleichtert wurde die Okkupation Osttibets durch die schlechte Ausrüstung der tibetischen Armee, aber auch durch die Unterstützung einiger hoher geistlicher Würdenträger wie des erst dreizehnjährigen Panchen Lamas, dessen Berater in seinem Namen Mao Zedong ein Telegramm schickten, in dem sie seinen Wunsch zur «Befreiung» Tibets ausdrückten. Nicht nur in Kham, sondern auch in der Zentralregierung in Lhasa gab es eine Reihe von Sympathisanten der Chinesen. So beeinträchtigte neben der militärischen Schwäche vor allem die Gespaltenheit der religiösen und politischen Eliten des Landes in eine pro- und eine antichinesische Partei den tibetischen Kampf um die Unabhängigkeit.

Obwohl der Fall von Chamdo der Volksbefreiungsarmee den Weg nach Lhasa öffnete, rückten die chinesischen Truppen zuerst nicht weiter vor, sondern versuchten über Propaganda die Tibeter von den Vorteilen eines Anschlusses an China zu überzeugen. Einen Monat nach der Besetzung von Kham wurde in Lhasa, nach der Befragung der beiden Staatsorakel Nechung und Gadong, der erst fünfzehnjährige Dalai Lama drei Jahre früher als üblich als weltliches und geistliches Oberhaupt Tibets inthronisiert. Der Regent Taktra trat von seinem Amt zurück. Im gleichen Monat appellierte Tibet an die Vereinten Nationen. Da sich Großbritannien und Indien wegen des «ungeklärten Rechtsstatus» Tibets gegen eine Behandlung der Tibetfrage aussprachen, blieb der Appell ohne Erfolg.

Unterdessen war Taktse Rinpoche, der ältere Bruder des 14. Dalai Lamas und Abt des Klosters Kumbum in Amdo, nach Lhasa gekommen und hatte aus erster Hand von seinen Erlebnissen während eines Jahres unter kommunistischer Herrschaft berichtet. Der Bericht war so negativ, daß sich die Regierung entschloß, den Dalai Lama nach Yatung an der indischen Grenze in Sicherheit zu bringen. Dort entschied die Regierung, mit China ernsthafte Verhandlungen aufzunehmen. Diese fanden von April bis Mai 1951 in Peking statt, wo auch das sogenannte «Siebzehn-Punkte-Abkommen», das Tibets Schicksal besiegelte, am 23. Mai von der tibetischen Delegation unter der Leitung von Ngabo Ngawang Jigme unterzeichnet wurde. Die einzelnen Punkte des Abkommens behandeln die (in chinesischen Augen) Reintegration Tibets in das chinesische «Mutterland» und formulieren deren politische Gestaltung aus. Tibet erhält regionale Autonomie und die Garantie, daß das existierende politische System nicht geändert wird (Punkt 4). Darüber hinaus werden Religionsfreiheit sowie der weitere Unterhalt der Klöster garantiert. Die Förderung der tibetischen Sprache wird genauso festgelegt wie die Förderung der Landwirtschaft, Weidewirtschaft, des Handels und der Industrie. Reformprozesse sollen nicht auf Druck der chinesischen Autoritäten eingeleitet werden, sondern allein durch die tibetische Regierung oder in Abstimmung mit ihr (Punkt 11). Punkt 15 regelt die Einsetzung eines militärischen und administrativen Komitees sowie eines militärischen Hauptquartiers in Lhasa, um die Umsetzung des Siebzehn-Punkte-Abkommens zu gewährleisten. Dies war der einzige kontrovers diskutierte Punkt, aber auch hier gaben die tibetischen Delegierten nach.

Die tibetische Delegation besaß keine Vollmacht von ihrer Regierung, ein solch weitreichendes Abkommen zu unterzeichnen. Daß sie es doch tat, zeugt von dem immensen politischen Druck, unter dem sie stand. Die tibetische Regierung erfuhr von der Unterzeichnung und dem Inhalt des Abkommens erst über das Radio am 26. Mai 1951.

In dem Abkommen erkennt Tibet das erste Mal die Oberhoheit Chinas an. Dies wäre zu verschmerzen gewesen, wenn sich die Chinesen an den Inhalt des Abkommens gehalten hätten. Sie haben das Abkommen jedoch nie in die Praxis umgesetzt. Zudem sind die einzelnen Punkte so offen formuliert, daß ihnen ein großer Interpretationsspielraum blieb, den sie für eine Transformation der tibetischen Regierung und des bestehenden sozialen Systems nutzten.

Die ersten Jahre unter chinesischer Herrschaft

Die Unterzeichnung des Siebzehn-Punkte-Abkommens wurde von einer starken Fraktion in der Regierung und den Klöstern unterstützt, u. a. von den Äbten der drei großen Klosterinstitutionen und dem Tutor des Dalai Lamas, Ling Rinpoche. Ihr Hauptargument war, daß das Abkommen weder das religiös-politische System noch den Status und die Macht des Dalai Lamas gefährde. Am 24. Oktober 1951 stimmte die Regierung in Lhasa dem Abkommen endgültig zu und beendete hiermit die seit 1911 bestehende faktische Unabhängigkeit Tibets, das nun in die Volksrepublik China eingegliedert wurde.

Am 26. Oktober 1951 rückte die Volksbefreiungsarmee in erstaunlicher Ordnung und Disziplin nach Zentraltibet vor. Gewalt und Plünderungen kamen nicht vor. In wenigen Monaten war in Lhasa eine Garnison von 20 000 Soldaten stationiert, eine überwältigende Militärpräsenz angesichts einer Bevölkerung von rund 30 000 Tibetern. Die ersten Jahre der Okkupation verliefen in Zentraltibet ruhig. Die Eliten wurden mit großzügigen Geschenken gekauft, und die lokale Bevölkerung profitierte von der Errichtung neuer Schulen und Krankenhäuser. Straßen wurden gebaut und Garnisonen im ganzen Land errichtet. 1954 erhielten der Dalai Lama und der Panchen Lama eine Einladung nach Peking, wo sie von Zhou Enlai und Mao Zedong feierlich empfangen wurden. Der Dalai Lama berichtet in seiner Autobiographie, wie fasziniert er damals von Mao Zedong gewesen war, bis dieser ihm bei ihrem letzten Treffen mitteilte, Religion sei Gift, sie zerstöre ein Volk und verlangsame den Fortschritt eines Landes. Auf seiner Rückreise nach Lhasa wurde ihm zudem bewußt, wie sehr sich seine Heimat Amdo unter der chinesischen Herrschaft verändert hatte.

Im Jahr 1955 wurde das «Vorbereitende Komitee der Autonomen Region Tibet» eingerichtet, das in der Folgezeit zum eigentlichen Regierungsorgan von Tibet wurde, obwohl die Zentralregierung von Lhasa mit ihren verschiedenen Ämtern weiterhin funktionierte. Als Vorsitzender des «Vorbereitenden Komitees» wurde der Dalai Lama ernannt. Obwohl in dem Komitee eine Reihe von Tibetern mitarbeitete, bestimmten die Chinesen die politische Richtung.

Im Osten sah die Lage völlig anders aus als in Zentraltibet. Schon 1949 war es zu lokalem Widerstand gegen die chinesische Okkupation in Kham und Amdo gekommen, der in den folgenden Jahren nicht abriß. Die von den Chinesen 1954 begonnenen «demokratischen Reformen», die u. a. die Kollektivierung des meistens in Klosterbesitz befindlichen Landes und die Seßhaftwerdung der Nomaden vorsahen, führten im Winter 1955–1956 zum sogenannten «Kanding»-Aufstand,[83] der unorganisiert und spontan ablief. Als der Aufstand blutig niedergeschlagen wurde, schlossen sich verschiedene Stammesgruppen, ihre alten Zwistigkeiten vergessend, zusammen, und es kam zu einer landesweiten Rebellion. Mehr als 15 000 Khampa-Familien flüchteten aus Osttibet nach Lhasa und Umgebung. Die Region konnte die vielen Flüchtlinge jedoch nicht aufnehmen. Spannungen zwischen der Lokalbevölkerung und den Khampas zwangen diese, nach Lhokha im Südosten auszuweichen. Dort organisierte sich der Khampa-Widerstand, und die Bewegung gab sich den Namen *Chushi Gangdrug*, «Vier Flüsse – Sechs Schneeberge». Dieser alte Name für Kham steht symbolisch für den Zusammenschluß sämtlicher osttibetischer Ethnien jenseits partikularer Differenzen.

1957 begannen die USA, den Khampa-Widerstand sowohl logistisch als auch militärisch zu unterstützen, und eine wachsende Zahl von Zentraltibetern schloß sich Chushi Gangdrug an. In ganz Tibet begannen anti-chinesische Kampagnen. 1958 hatten die Khampa-Widerstandsgruppen fast alle abgelegenen Regionen Tibets unter ihre Kontrolle gebracht, und sogar die Anhänger des bisher chinatreuen Panchen Rinpoche schlossen sich vermehrt dem Widerstand an. Sowohl China als auch die Zentralregierung in Lhasa verloren zunehmend die Kontrolle über die Situation in Tibet.

In dieser angespannten Lage führte eine an und für sich unbedeutende Episode zur Eskalation. Im März 1959 wurde der Dalai Lama eingeladen, im chinesischen Militär-Hauptquartier von Lhasa der Aufführung einer Tanzgruppe beizuwohnen. Er nahm die Einladung an. Das Ungewöhnliche an der Einladung bestand in der Aussetzung der üblichen Etikette: Der Dalai Lama sollte allein kommen. Als dies bekannt wurde, kamen sofort Gerüchte über eine von den Chinesen geplante Entführung des Dalai Lamas auf, und immer mehr Leute versammelten sich vor dem Norbulingka, dem Sommerpalast des Dalai Lamas. Die spontane Demonstration richtete sich genauso gegen die chinesische Besatzungsmacht wie gegen die tibetische Aristokratie, die des Verrats am Dalai Lama bezichtigt wurde. Nach dem Lynchmord an einem hohen tibetischen Regierungsbeamten wurde aus der Demonstration rasch eine Revolte. Der Dalai Lama floh mit seinen engsten Beratern und einer Gruppe von Khampa-Widerstandskämpfern in der Nacht vom 16. zum 17. März nach Indien. Noch heute ist unklar, warum die Chinesen nicht versuchten, seine Flucht zu verhindern. Auch kann wohl nie geklärt werden, ob die Chinesen tatsächlich vorhatten, den Dalai Lama gefangenzusetzen.

Nachdem die Demonstrationen mehr als eine Woche gedauert hatten, schritt die Volksbefreiungsarmee in Lhasa ein, und vom

20. bis 22. März lieferten sich die chinesischen Truppen mit den meist schlecht ausgerüsteten Tibetern erbitterte Kämpfe, die fast 10 000 Tote forderten. Als der Dalai Lama am 30. März die Grenze zu Indien überschritt, war der Aufstand in Lhasa längst niedergeschlagen, und über dem Potala wehte die rote chinesische Fahne.

Die Flucht des Dalai Lamas führte zum Zusammenbruch des organisierten landesweiten Widerstands. Zwischen April und Mai 1959 überquerten mehr als 7000 Tibeterinnen und Tibeter die Grenze und baten in Indien um Asyl. Viele tibetische Soldaten und Khampas sahen nach der Flucht ihres spirituellen und weltlichen Oberhauptes keinen Sinn mehr im bewaffneten Widerstand und gaben auf. Nur vereinzelt kam es noch zu Kämpfen. Von Mustang aus, einer tibetischen Enklave in Nepal, wurden mit amerikanischer Unterstützung Guerilla-Angriffe geführt, die erst 1974 endeten, als die USA und die nepalesische Regierung ihre Hilfe einstellten.

Der rasche Zusammenbruch des Widerstands verdeutlicht das eigentliche Anliegen der Revolte. Es ging um den Status und die Macht des Dalai Lamas. Die Einrichtung des «Vorbereitenden Komitees der Autonomen Region Tibet», die mit dem Einverständnis der tibetischen Regierung erfolgt war, hatte zum Verlust seiner uneingeschränkten Macht geführt. Dieser Machtverlust stand in der buddhistischen Gesellschaft Tibets für die Degeneration der buddhistischen Lehre, und die Chinesen wurden nicht nur zu politischen Feinden, sondern auch zu «Feinden der buddhistischen Lehre». So nannte sich die Khampa-Widerstandsbewegung zuerst «Freiwilligenarmee zur Verteidigung des Buddhismus».[84] Die Institution der Dalai Lamas erweist sich damit als Brennpunkt einer gemeinsamen tibetischen kulturellen Identität, die auf der Religion beruht. Die Vernachlässigung dieser kulturellen und religiösen Selbstwahrnehmung war vielleicht der folgenschwerste Fehler der chinesischen Tibet-Politik.

Reformen und Kulturrevolution:
Zerstörung des kulturellen Erbes

Die Flucht des Dalai Lamas, vieler Mitglieder des Adels und der Regierung sowie weiterer bedeutender Lamas wie des Sakya Tridzin und des Karmapa bedeuteten das Ende der traditionellen weltlichen und geistlichen Führung des Landes. China gelang es aufgrund seiner militärischen Überlegenheit, aber auch aufgrund des entstandenen Führungsvakuums, das Land innerhalb kurzer Zeit völlig in seine Gewalt zu bringen. In der Abwesenheit des Dalai Lamas wurde der Panchen Lama zum Vorsitzenden des «Vorbereitenden Komitees» ernannt. Er hatte sich während der Revolte loyal zu China verhalten, und in seinem Territorium in Tsang war es zu keinen Unruhen gekommen.

China änderte nun seine Politik in Tibet. Während es sich in den Jahren vor 1959 bemüht hatte, die lokalen Eliten für sich zu gewinnen, versuchte die kommunistische Führung nun, das Volk zu überzeugen. Die neue ideologische Kampagne zeichnete das Tibet vor 1950 als Hölle auf Erden, aus der China die tibetischen Massen befreit hatte. Neben der Indoktrination war die Landreform die wichtigste politische Maßnahme dieser Jahre. Sie traf die Klöster am härtesten, da der Landbesitz ihr finanzielles Rückgrat darstellte, von dem Tausende von Mönchen abhingen. Die Klöster wurden gezwungen, ihr Land aufzugeben, was gleichbedeutend mit der Vernichtung ihrer materiellen Existenzgrundlage war. Dies war wahrscheinlich die einschneidendste Veränderung der tibetischen Gesellschaft seit der Einführung des Buddhismus im 7. Jahrhundert.[85]

In nur wenigen Jahren nach der Niederschlagung der Revolte wurde das traditionelle Tibet transformiert. Diejenigen, die Widerstand gegen die Chinesen geleistet hatten, wurden entweder umgebracht oder verschwanden in Lagern, wo harte Arbeit und katastrophale Lebensbedingungen für ihren schnellen Tod sorgten. Die Klöster konnten ihre religiösen Funktionen nur noch sehr eingeschränkt ausüben, weil ihnen das Geld zur Durchführung aufwändiger Zeremonien fehlte. Viele Mönche waren entweder ins Ausland geflohen oder in Arbeitslagern interniert. Die Umverteilung des Landes führte zur Bildung neuer sozialer Klassen. Dieser Umbruch und der stetige Zuzug von Chinesen nach Osttibet hatten dort Hungersnöte und einen Rückgang der tibetischen Bevölkerung zur Folge. Als der Panchen Lama begann, die Konsequenzen der chinesischen Politik für die Tibeter zu kritisieren, wurde er seiner Ämter enthoben und später in einem Lager interniert, aus dem er erst 1978 entlassen wurde.

Der Reformprozeß kulminierte 1965 in der Errichtung der *Tibetischen Autonomen Region* (TAR), die Tibet endgültig in die Volksrepublik China integrierte und ihren Sonderstatus, der durch das Siebzehn-Punkte-Abkommen begründet worden war, beendete.

Die 1966 von Mao angeführte Kulturrevolution erfaßte auch Tibet. Im Februar des Jahres verboten die Behörden das erste Mal die Durchführung der *Mönlam*-Zeremonie in Lhasa. Das Verbot bildete den Auftakt zu einem vollständigen Verbot der Religionsausübung in der Öffentlichkeit. Im August 1966 verbreiteten die Roten Garden auf Wandzeitungen die Hauptpunkte der Kulturrevolution: Alle religiösen Feste sollten abgeschafft, äußere Zeichen buddhistischer Religiosität wie Stūpas, *Mani*-Mauern, Gebetsfahnen und Weihrauch und sämtliche Photos des Dalai Lamas und Panchen Lamas zerstört werden. Klöster und Tempel wurden für den öffentlichen Gebrauch umgewidmet, «feudale Bräuche» wie Parties, der Austausch von Geschenken und das Überreichen von *Khatas*, der traditionellen Glücksschleifen, wurden eingestellt. Auch die Muslime wurden aufgefordert, sich der neuen Gesellschaft anzupassen und ihre traditionellen Bräuche aufzugeben.

Die folgenden Jahre sahen die Ausradierung einer ganzen Kultur. Fast alle der nahezu 6000 Klöster und Tempel wurden geplündert und zerstört, selbst vor der *Jowo*-Statue im Jokhang machte die Zerstörungswut nicht halt. Die kostbarsten Goldobjekte wurden nach Peking geschickt, wo sie eingeschmolzen wurden. Die

Kulturrevolution bedeutete für Tibet den Versuch der Zerstörung seiner kulturellen Identität.

1975 führte die Regierung in Peking eine neue Siedlungspolitik in bezug auf Tibet ein. Während Amdo und Teile von Kham schon längst einen großen Anteil an Chinesen aufwiesen, wurden nun finanzielle Anreize für Han-Chinesen geschaffen, sich in Zentral-tibet niederzulassen. Es gibt keine genauen Statistiken, einer offiziellen Schätzung zufolge dürften aber nach 1982 ungefähr 96 000 Han-Chinesen nach Tibet übergesiedelt sein.

Die Entwicklung in den achtziger Jahren

Gegen Ende der siebziger Jahre, nach dem Tod von Mao, nahm die chinesische Tibet-Politik unter Deng Xiaoping eine neue Wende. Hu Yaobang, der neue Generalsekretär der kommunistischen Partei, prangerte auf seiner Tibetreise 1980 die von den Chinesen begangenen Fehler offen an. Es begann eine Phase der Entspannung. Gefangene wurden aus den Lagern entlassen, und 1982 wurde die Religionsausübung wieder eingeschränkt erlaubt. Klöster und Tempel wurden instandgesetzt, Mönche traten wieder in die Klöster ein, und in den Schulen wurde wieder Tibetisch unterrichtet. Der Panchen Lama durfte erstmals seit fast zwanzig Jahren Tibet besuchen. Als der Dalai Lama 1983 im indischen Bodhgaya eine Belehrung zum tantrisch-buddhistischen Kālacakra-Zyklus gab, erlaubte China Hunderten von Pilgern aus Tibet die Teilnahme. 1985 öffnete die Universität von Lhasa ihre Pforten. Ausländer durften, wenn auch mit Einschränkungen, das Land bereisen.

Die zaghafte Liberalisierung hielt jedoch nicht lange an.

Im September 1987 richtete der Dalai Lama während eines USA-Besuchs einen Vorschlag an die chinesische Regierung, der fünf Punkte enthielt, u. a. daß ganz Tibet in eine Friedenszone umgewandelt werden sollte. Nur wenige Tage später demonstrierte eine Gruppe von Mönchen aus Drepung in Lhasa für die Unabhängigkeit Tibets. Der ersten Demonstration folgte eine zweite, in deren Verlauf die Demonstranten von der Polizei niedergeknüppelt wurden. Das erste Mal war die übrige Welt Zuschauerin der Ereignisse in Tibet, da die Szenen von ausländischen Touristen gefilmt wurden. Diese und die folgenden Demonstrationen gingen vor allem von der Mönchs- und Nonnengemeinschaft aus, die durch die Politik der Freizügigkeit wieder angewachsen war. Obwohl die chinesische Führung in den achtziger Jahren die wachsende Bedeutung der Religion in Tibet toleriert und in gewissem Maße sogar gefördert hatte, solange sie die Vorherrschaft der kommunistischen Partei nicht in Frage stellte, genügte dies dem Klerus nicht. Für die Mönche garantierte allein die Unabhängigkeit Tibets die Autorität der buddhistischen Lehre in Tibet. Nach dem Tod des Panchen Lamas, der sich in seinem letzten Lebensjahr sehr negativ über die bisherige Tibet-Politik Chinas geäußert hatte, eskalierte die Situation, und am 5. März 1989 kam es zu den größten anti-chinesischen Demonstrationen seit 1959 in Lhasa. Nach dreitägigen Straßenkämpfen verhängten die Chinesen am 8. März 1989 das Kriegsrecht über Tibet. Es wurde erst Ende April 1990 aufgehoben.

Zur gegenwärtigen Lage der Tibeter in der Tibetischen Autonomen Region

Die Erfahrungen der achtziger Jahre führten zu einer erneuten Revision der chinesischen Tibet-Politik. Das Pendel schlug wieder in Richtung politischer Indoktrination und Unterdrückung der Religion aus. Die von der chinesischen Führung verfolgte Religionspolitik ist bis heute ambivalent. Die Äbte und hohen Lamas genießen in der tibetischen Gesellschaft immer noch fast uneingeschränkte Autorität. Daher reglementieren die Chinesen die Zahl der Mönche in den Klöstern und versuchen, die religiösen Eliten zu beeinflussen. 1987 wurde zu diesem Zweck ein buddhistisches Kolleg in Peking gegründet, in dem junge Lamas zu «patriotischen Lamas» ausgebildet werden. Von Tibetern selbst errichtete klösterliche Institutionen sind jedoch häufig gefährdet. So wurde das neue Serthar-Kloster in Amdo, das innerhalb kurzer Zeit ungefähr 5000 Mönche und Nonnen beherbergte, im Juli 2001 zerstört. Mönche und Nonnen werden immer wieder verhaftet und in den Gefängnissen gefoltert. Wie in den achtziger Jahren finden religiöse Zeremonien in der Öffentlichkeit statt, ihre Bedeutung verschiebt sich jedoch unaufhaltsam von der religiösen auf die folkloristische, für Touristen inszenierte Ebene.

Die Immigration von Chinesen in die Region wird massiv gefördert. Das Leben in Tibet, das in früheren Jahrzehnten einer Strafversetzung gleichkam, ist heute attraktiv, weil die Löhne dreimal höher als im chinesischen Durchschnitt sind. Da besonders der technische Sektor und der Finanzmarkt gefördert werden, werden gut ausgebildete Immigranten angelockt, die die Tibeter in den Billiglohnsektor abdrängen, so daß sich der Lebensstandard für Tibeter weiter verschlechtert.

Tibet ist reich an Bodenschätzen. Es besitzt Gold, Uran, Kohle, Kupfer, Borax, Eisen, Zink und Lithium. In größerem Umfang wird zur Zeit nur Gold abgebaut. Die in Tibet errichteten Kraftwerke exportieren Strom nach China. Der Norden des Landes wird als Lager für nuklearen Abfall genutzt. In Osttibet gab es riesige Wälder, deren Abholzung zu einer ökologischen Katastrophe geführt hat. Da in Tibet alle großen Ströme Asiens entspringen, kam es zu Bodenerosion und damit zu immensen Überschwemmungsrisiken in Süd- und Südostasien. 1998 wurden die Abholzungen zwar teilweise gestoppt, sie werden heute jedoch auf niedrigem Niveau fortgesetzt.

Mitte der neunziger Jahre rückte die Kontroverse über die Wiedergeburt des Panchen Lamas die Religionspolitik des kommunistischen Chinas einmal mehr in den Blickpunkt der Weltöffentlichkeit. Im Mai 1995 hatte der Dalai Lama einen Jungen aus dem nordwesttibetischen Nagchu als Wiedergeburt des 7. Panchen Lamas anerkannt. Seine Anerkennung von chinesischer Seite hätte bedeutet, daß die Chinesen die religiöse Autorität des Dalai Lamas akzeptieren. So verkündeten sie, für die Auffindung des neuen

Panchen Lamas sei allein die auf die Mandschu-Zeit zurückgehende Zeremonie der Goldenen Urne verbindlich, und wählten einen anderen Jungen als 8. Panchen Lama. Der vom Dalai Lama anerkannte 8. Panchen Lama verschwand noch im selben Jahr spurlos. Über seinen Verbleib ist bis heute nichts bekannt.

Aufgrund der fortgesetzten Verletzung der Menschenrechte in Tibet und der Unmöglichkeit, eine tibetische kulturelle Identität, die in den eigenen religiösen und kulturellen Traditionen verwurzelt ist, zu bewahren, fliehen heute noch jährlich Hunderte von Tibeterinnen und Tibetern nach Indien ins Exil. Diese andauernde Flucht spricht das deutlichste Urteil über den Versuch Chinas, Tibet in ein sozialistisches Land zu transformieren.

7. Tibet im Exil

«Little Lhasa»: Bewahrung der Tradition

Dem Dalai Lama und den mit ihm nach Indien geflohenen Regierungsmitgliedern wurde 1959 von Jawaharlal Nehru ein ehemaliger englischer Erholungsort, Dharamsala, im indischen Bundesstaat Himachal Pradesh als vorübergehender Aufenthaltsort zugewiesen. Indien verhielt sich zuerst sehr zurückhaltend gegenüber den tibetischen Flüchtlingen, da es einen Konflikt mit China vermeiden wollte. Nachdem es allerdings im Herbst 1962 zu militärischen Auseinandersetzungen zwischen beiden Ländern wegen der umstrittenen McMahon-Linie gekommen war, die in einer Niederlage Indiens endeten, änderte sich die indische Politik gegenüber dem Dalai Lama. Die indische Regierung ermutigte die Tibeter, sich politisch zu organisieren, was zur Gründung der Exilregierung führte. Darüber hinaus wurde das Nechung-Kloster des «Staatsorakels» in Dharamsala neu errichtet sowie Institutionen ins Leben gerufen, deren Aufgabe es ist, die als authentisch «tibetisch» anerkannten künstlerischen und musikalischen Traditionen zu bewahren, z. B. das *Tibetan Institute for Performing Arts*. Die drei großen Klosterinstitutionen Ganden, Sera und Drepung hingegen wurden in Südindien wiedergegründet, da in der Umgebung von Dharamsala nicht genügend Land zur Verfügung stand.

Die demokratisch gewählte Exilregierung in Dharamsala besteht aus Institutionen der Legislative, Exekutive und Judikative. Die Abgeordnetenversammlung, deren Mitglieder von der tibetischen Exilbevölkerung gewählt werden, wählt die Exekutive, den *Kashag* (Ministerrat). Durch die demokratische Wahl der Abgeordneten unterscheidet sich die Exilregierung von der Zentralregierung vor 1959. Oberste politische und religiöse Instanz bleibt jedoch der Dalai Lama. Da seine Autorität nicht demokratisch legitimiert, sondern im Religiösen begründet ist, ist die demokratische Exilregierung letztlich religiös fundiert.

Tibet wies vor 1959 eine große ethnische und kulturelle Diversität auf. Zwischen den einzelnen Regionen gab es bedeutende sprachliche und kulturelle Unterschiede, die oft zu spannungsgeladenen Beziehungen führten. Vor 1959 sahen sich die Khampa und Amdowa nicht durch die Zentralregierung von Lhasa politisch repräsentiert. Dies änderte sich im Exil. Der Dalai Lama und die Exilregierung versuchen, eine gemeinsame religiöse und kulturelle Identität aller Tibeterinnen und Tibeter im Exil, unabhängig von ihrer regionalen Herkunft, herzustellen. Auf der religiösen Ebene können sie an die im 19. Jahrhundert entstandene *Rime*-Bewegung anknüpfen, die eine Einheit in der Diversität aller tibetisch-buddhistischen religiösen Traditionen anstrebte. Politisch nimmt die tibetische Exilregierung für sich in Anspruch, als Fortsetzung der Zentralregierung von Lhasa das tibetische Volk in seiner Gesamtheit innerhalb und außerhalb Tibets zu repräsentieren. Hierdurch wurde Dharamsala zur provisorischen Hauptstadt der gesamten tibetischen Welt. Hier soll das alte Tibet in seiner kulturellen und religiösen Authentizität bewahrt werden, was auch in der Bezeichnung «Little Lhasa» zum Ausdruck kommt. Tibetische Kultur und Religion in ihrer Unverfälschtheit werden symbolisch repräsentiert, u. a. im traditionellen Kunsthandwerk, in der Thangka-Malerei und vor allem in der religiösen Autorität der *Tulkus*. Die tibetische Geschichte wird als Geschichte eines friedliebenden, der Ausübung seiner Religion hingegebenen Volkes erzählt, für das Gewalt keine Option zur Konfliktlösung darstellte. Der Essentialisierung tibetischer Kultur leistet jedoch nicht nur die tibetische Exilregierung Vorschub, sondern auch die zahlreichen westlichen Anhängerinnen und Anhänger des tibetischen Buddhismus, die das verklärte Bild eines *Shangri La*, eines buddhistischen Paradieses hinter dem Himalaya, auf das Tibet vor 1959 und sein Erbe in der tibetischen Exilgesellschaft projizieren.

Der Mythos eines friedlichen Tibet, dessen Gesellschaft und Politik von buddhistischen Grundsätzen der Gewaltlosigkeit bestimmt sind, hat auch die exiltibetische Darstellung der eigenen jüngsten Geschichte entscheidend geprägt. Der gewaltsame Widerstand der Tibeter, der von Bewegungen wie *Chushi Gangdrug* organisiert wurde und erst 1974 durch die Auflösung der letzten Guerilla-Stützpunkte im nepalesischen Mustang zum Erliegen kam, ist bis heute erstaunlich schlecht dokumentiert. Dies liegt nicht nur daran, daß Washington die Unterlagen über die amerikanische Unterstützung der tibetischen Widerstandsbewegung immer noch unter Verschluß hält, sondern vor allem an der nach 1959 vom Dalai Lama und der Exilregierung verfochtenen Linie, der tibetische Widerstand gegen die chinesische Okkupation sei im großen und ganzen gewaltfrei verlaufen, bewaffneten Widerstand habe es nur vereinzelt gegeben und er sei zudem von der CIA geschürt worden. Die Neuschreibung der tibetischen Geschichte bildet die Basis für die Politik des Dalai Lamas. Er hat 1987 vor dem amerikanischen Kongreß und ein Jahr später vor dem Europa-Parlament in Straßburg den sogenannten «five-point-peace»-Vorschlag gemacht, in dem er auf die Unabhängigkeit Tibets verzichtet und vorschlägt, das Land in eine Friedenszone zu verwandeln. Tibet, d. h. Zentral- und Osttibet zusammen, soll eine selbstregierte demokratische politische Einheit in «einem freiwilligen Verband mit China» werden. China soll weiterhin verantwortlich für die Außenpolitik bleiben. Der Vorschlag ist zwar realistisch und im Grunde identisch mit der tibetischen Position von 1950, hat jedoch eine heftige Kontroverse in der tibetischen Exilgesellschaft ausgelöst. Gerade die junge Generation zweifelt zunehmend an der Norm der Gewaltlosigkeit zur Durchsetzung politischer Ziele und stellt das von der Exilregierung propagierte Bild vom traditionellen Tibet als *Shangri La* hinter dem Himalaya in Frage. Viele junge Tibeterinnen und Tibeter sind nicht mehr gewillt, das Ziel der tibetischen Unabhängigkeit von China unter Verzicht auf bewaffneten Widerstand zu verfolgen. Mit der Aussage des Dalai Lamas, die Unabhängigkeit Tibets sei nicht so bedeutend wie die Bewahrung der tibetisch-buddhistischen Kultur, können sie wenig anfangen. Die Konservierung einer erstarrten religiösen Ritualistik und die nicht hinterfragte Autorität der *Tulkus* stoßen bei ihnen zunehmend auf Kritik. Selbst die Autorität des Dalai Lamas hat in den letzten Jahren, besonders durch die *Shugden*-Kontroverse, Risse bekommen.

Die Kontroverse um die Schutzgottheit Dorje Shugden

Im Jahr 1997 wurden in Dharamsala der Leiter der *Buddhist School of Dialectics* und zwei seiner Mönche brutal ermordet. Bis heute sind die Täter nicht gefaßt worden, aber es halten sich hartnäckig Gerüchte, daß der Lama, der ein ausgewiesener Gegner der Verehrung der Schutzgottheit Dorje Shugden war, ein Opfer von Shugden-Anhängern geworden ist. Ein Jahr zuvor hatte der Dalai Lama alle Tibeterinnen und Tibeter, die ihn selbst als spirituellen Lehrer anerkennen, aufgefordert, die Verehrung des Dorje Shugden aufzugeben. In den Gelugpa-Klöstern durften keine Shugden-Rituale mehr durchgeführt werden, und die Statuen und religiösen Bilder, die sogenannten Thangkas, des Dorje Shugden mußten entfernt werden. Die Anordnung rief sowohl bei vielen Gelugpa-Mönchen als auch bei Laien, in deren Familien die Schutzgottheit zum Teil seit Generationen verehrt wird, Unwillen und Verunsicherung hervor.

Der Konflikt um Dorje Shugden liegt in der Beziehung zwischen dieser Schutzgottheit und der Institution der Dalai Lamas begründet und geht auf das 17. Jahrhundert zurück. Nach dem Tod des 4. Dalai Lamas gab es zwei Anwärter auf seine Nachfolge, von denen der unterlegene Kandidat, Dragpa Gyeltsen, sein Leben lang ein Rivale des 5. Dalai Lamas blieb. Als er 1655 eines unnatürlichen Todes starb, hieß es, er hätte Selbstmord verübt oder wäre von Gefolgsleuten des 5. Dalai Lamas ermordet worden. Menschen, die eines gewaltsamen Todes gestorben sind, nehmen nach tibetischem Glauben oft eine Wiedergeburt als böse Geister an. Dragpa Gyeltsen suchte daher als böser Geist den 5. Dalai Lama heim, bis dieser ihn bezwang und durch einen Eid als Beschützer der Gelugpa-Lehre verpflichtete. Er erhielt den Namen Dorje Shugden und war fortan für die Reinhaltung der Gelugpa-Lehre zuständig, spielte jedoch neben den beiden großen Schutzgottheiten der Gelugpa, Pehar und Pälden Lhamo, keine bedeutende Rolle. Erst im 20. Jahrhundert erhob ihn der Gelugpa-Gelehrte Phabongkha Rinpoche (1878–1941) zur wichtigsten Schutzgottheit der Gelugpa. Phabongkha kann als buddhistischer Fundamentalist bezeichnet werden. Er begründete zu Beginn des 20. Jahrhunderts eine Erneuerungsbewegung in Kham, die die Gelugpa-Lehre von allen Einflüssen anderer tibetisch-buddhistischer Traditionen reinigen wollte. Seiner Bewegung ist es zu verdanken, daß in den vierziger Jahren des 20. Jahrhunderts einige Nyingmapa-Klöster gewaltsam enteignet wurden und in Gelugpa-Besitz übergingen. Da der Tutor des 14. Dalai Lamas, Trijang Rinpoche, ein Schüler Phabongkhas war, übte Phabongkha auch in Lhasa beträchtlichen Einfluß aus, der sich im Exil fortsetzte. Lange Zeit stand die Shugden-Verehrung jedoch nicht im Widerspruch zur Institution der Dalai Lamas, da sie lediglich den Vorrang der Gelugpa-Tradition bestätigte. Mit der Publikation des sogenannten «Gelben Buchs» in den siebziger Jahren des 20. Jahrhunderts änderte sich dies. Darin wird eine Reihe von Gelugpa-Lamas aufgezählt, die Nyingmapa-Lehren praktiziert hatten und alle eines frühen, unnatürlichen Todes gestorben waren, für den Dorje Shugden verantwortlich sein sollte. Kurz vor der Publikation des «Gelben Buchs» hatte der Dalai Lama die Verehrung des Padmasambhava, des Begründers der Nyingmapa, in allen Gelugpa-Klöstern festgelegt. Auf diese Weise wollte er die verschiedenen religiösen Traditionen des tibetischen Buddhismus in das Projekt eines nationalen Identitätsentwurfs einbinden und ein Bewußtsein der Einheit des tibetischen Volkes schaffen. Das «Gelbe Buch» wurde daher nicht nur als konkrete Drohung gegen den Dalai Lama, sondern auch als Affront gegen sein Bemühen um eine übergreifende nationale Identität verstanden. Die Anhängerinnen und Anhänger des Dorje Shugden stellen aus der Sicht der Exilregierung wegen ihres religiösen Exklusivismus, der andere tibetisch-buddhistische Lehrtraditionen gegenüber den Gelugpa benachteiligt, eine Bedrohung für die religiös pluralistische tibetische Exilgesellschaft dar. Der Shugden-Konflikt ist damit die erste Bewährungsprobe der spezifisch tibetischen Variante einer Demokratie, die sich im Spannungsfeld zwischen privater Religiosität und ihrer öffentlichen Inszenierung konstituiert.

Zwischen Tradition und Moderne: Kontinuitäten tibetischer Sinngebung

Der Shugden-Konflikt zeigt die Kontinuitäten tibetisch-buddhistischer Sinngebung sowie die Herausforderungen, denen sich die tibetische Exilgesellschaft zu Beginn des 21. Jahrhunderts zu stellen hat. Für ihre Eliten verkörpert nicht das reale Tibet, sondern das im Exil konservierte Tibet die ideale buddhistische Gesellschaft, die es zu bewahren gilt. Tibet wird in der Exil-Imagination zu einem zeitlosen Konstrukt. So verwundert es nicht, daß der Entwurf der tibetischen kulturellen und religiösen Identität im Exil noch von denselben Paradigmata bestimmt ist, die auch das traditionelle Tibet ausgezeichnet haben. Den Brennpunkt dieser Identität stellt die Institution der Dalai Lamas dar. Tibet bleibt das Buddhafeld des Avalokiteshvara.

Der Konflikt um Dorje Shugden, der zu den niederen, weltlichen Gottheiten gezählt wird, zeigt jedoch auch die Grenzen dieses traditionellen Deutungsentwurfs. Durch die Shugden-Kontroverse wurde eine breitere Öffentlichkeit in Europa erstmals darauf aufmerksam gemacht, daß der vom 14. Dalai Lama vertretene Buddhismus nicht nur eine dem Ideal der Gewaltlosigkeit und der Rationalität verpflichtete meditative Lehre ist, sondern auch eine durch Dämonenfurcht und Glauben bestimmte Religion. Die Besonderheit des tibetischen Buddhismus im Reigen der großen Religionen ist sicherlich nicht in seiner vermeintlichen Rationalität zu verorten. Der Dalai Lama ist eben nicht nur gefragter Gesprächspartner von westlichen Naturwissenschaftlern, deren Buddhismusbild von Schopenhauer und der Theosophie geprägt zu sein scheint, sondern er ist auch Bewahrer einer religiösen Tradition, in der der Glaube an Dämonen und Geister eine wichtige Rolle in der Alltagsreligiosität spielt. Dieser Glaube ist von großer Bedeutung für die ältere Generation, aber viele junge Tibeterinnen und Tibeter können mit traditionellen Vorstellungen wie Dämonenglauben und den entsprechenden Ritualen genauso wenig anfangen wie mit dem Postulat der Gewaltlosigkeit zur Durchsetzung politischer Ziele. Wenn die gesellschaftlichen Eliten im Exil an dem Ideal eines vor 1959 eingefrorenen traditionellen, auf öffentlichen Ritualen basierenden Buddhismus als wichtigster Sinngebungsinstanz tibetischer kultureller Identität festhalten, wird die Exilgesellschaft in nicht allzu ferner Zukunft einer politischen Zerreißprobe ausgesetzt sein. Es bleibt zu hoffen, daß anstelle der unbedingten Bewahrung der Tradition ihre behutsame Anpassung an die Gegebenheiten moderner Gesellschaften gelingt.

Anmerkungen

1 R. Thurman: Weisheit und Mitgefühl: Das Herz der tibetischen Kultur, in: M. M. Rhie und R. A. F. Thurman (Hg.), Weisheit und Liebe. Tausend Jahre Kunst des tibetischen Buddhismus, Köln 1996, S. 19.

2 Dalai Lama: Das Buch der Freiheit. Die Autobiographie des Friedensnobelpreisträgers, Bergisch-Gladbach 1990, S. 18–19.

3 Vgl. J. Norbu: Hinter dem verlorenen Horizont: Zur Notwendigkeit der Demystifizierung Tibets, in: T. Dodin und H. Räther (Hg.), Mythos Tibet. Wahrnehmungen, Projektionen, Phantasien, Köln 1997, S. 316.

4 Die Angaben über die Dauer dieser Periode variieren in den Quellen.

5 Inschrift auf der Säule bei der Brücke im Tal von Chonggye. Text bei F. K. Li und W. South Coblin: A Study of the Old Tibetan Inscriptions, Taipei 1987, S. 229.

6 Sa-skya bSod-nams-rgyal-mtshan: rGyal-rabs-gsal-ba'i-me-long, Peking 1981, S. 55.

7 P. K. Sørensen und G. Hazod, in Cooperation with Tsering Gyalbo: Thundering Falcon. An Inquiry into the History and Cult of Khra-'brug Tibet's First Buddhist Temple, Wien 2005, S. 5.

8 Vgl. C. I. Beckwith: The Tibetan Empire in Central Asia: A History of the Struggle for Great Power among Tibetans, Turks, Arabs, and Chinese during the Early Middle Ages, Princeton 1987, S. 110, Anm. 8.

9 bKa'-thang-sde-lnga. Zhö Edition. Reproduced by Lokesh Chandra. From the Collection of Prof. Raghuvira, New Delhi 1982, rGyal-po'i-bka'i-thang-yig, Fol. 18 r6.

10 So z. B. das Hu-lan-deb-ther aus dem 14. Jahrhundert und das mKhas-pa'i-dga'-ston aus dem 16. Jahrhundert.

11 Ich stütze mich hier auf T. Takeuchi: *Tshan*: Subordinate Administrative Units of the Thousand-Districts in the Tibetan Empire, in: P. Kvaerne (Hg.), Tibetan Studies, Oslo 1994, S. 848–862.

12 So von G. Uray: *Khrom*: Administrative Units of the Tibetan Empire in the 7th-9th Centuries, in: M. Aris und Aung San Suu Kyi (Hg.), Tibetan Studies in Honour of Hugh Richardson, Delhi 1980, S. 310–318 genannt.

13 C. I. Beckwith: The revolt of 755 in Tibet, in: E. Steinkellner und H. Tauscher (Hg.), Contributions on Tibetan Language, History and Culture, 1. Bd., Delhi 1995, S. 1–16.

14 Solche Versuche sind gelegentlich unternommen worden, so z. B. von Ariane Macdonald, die eine systematisierte Religion namens *gtsug* postuliert, die um den herrscherlichen Kult kreiste, s. A. Macdonald: Une lecture des Pelliot Tibétain 1286, 1287, 1038, 1047, et 1290. Essai sur la formation et l'emploi des mythes politiques dans la religion royal de Sron-bcan sgam-po, in: A. Macdonald (Hg.), Etudes tibétaines dédiées à la mémoire de Marcelle Lalou, Paris 1971, S. 190–391.

15 Einer der ältesten Berichte über die Klostergründung, das *Bashe*, erwähnt Padmasambhava nicht. Es ist daher möglich, daß erst spätere Erzählungen dem tantrischen Meister eine aktive Rolle in der Gründung von Samye zuschreiben.

16 Das früheste datierte Beispiel tibetischer buddhistischer Kunst stellt die Reliefschnitzerei eines Buddha, wahrscheinlich Vairocana, im osttibetischen Denmadrag dar. Die Bildnisse wurden in einem Affen-Jahr, wahrscheinlich 804 oder 816, in den Felsen graviert zum Beginn der tibetisch-chinesischen Verhandlungen, die 821/822 zu einem bilateralen Abkommen zwischen beiden Reichen führten. Vgl. A. Heller: Ninth Century Buddhist Images Carved at Ldan Ma Brag to Commemorate Tibeto-Chinese Negotiations, in: P. Kvaerne (Hg.), Tibetan Studies, Oslo 1994, S. 335–349.

17 M. T. Kapstein: The Tibetan Assimilation of Buddhism. Conversion, Contestation, and Memory, Oxford 2000, S. 64.

18 PT 4646.

19 Ob die Debatte tatsächlich stattgefunden hat, wird in der Forschung kontrovers diskutiert. Für die tibetische Heilsgeschichte, wie sie die tibetische Historiographie entwirft, ist allerdings die Faktizität der Ereignisse weniger wichtig als deren symbolischer Gehalt.

20 West-Inschrift, Text s. H. E. Richardson: A Corpus of Early Tibetan Inscriptions, Hertford 1985, S. 125–127.

21 So im Chos-la-'jug-pa'i-sgo des bSod-nams-rtse-mo aus dem Jahr 1167, s. Sa-skya-bka'-'bum, nga, Textabb. 316.

22 lDe'-ujo-sras: Chos-'byung-chen-mo-bstan-pa'i-rgyal-mtshan-lde'u-jo-sras-kyis-mdzad-pa, Lhasa 1987, S. 142, und mKhas-pa-lde'u: rGya-bod-kyi-chos-'byung-rgyas-pa, Lhasa 1987, S. 370.

23 Zu ihnen s. G. Hazod: The Nine Royal Heirlooms, in: T. Gyalbo, G. Hazod und P. K. Sørensen, Civilization at the Foot of Mount Sham-po. The Royal House of lHa Bug-pa-can and the History of g.Ya'-bzang, Wien 2000, S. 192–197.

24 Die genealogische Abfolge ist in den tibetischen Quellen umstritten.

25 Vgl. G. Uray: Tibet's Connections with Nestorianism and Manicheism in the 8th-10th Centuries, in: E. Steinkellner und H. Tauscher (Hg.), Contributions on Tibetan Language, History and Culture, 1. Bd., Delhi 1995, S. 400–404.

26 bKa'-yang-dag-pa'i-tshad-ma-las-mdo-btus-pa [«Zusammenfassung der Beweise für die wahre Offenbarung»], Tibetan Tripitaka 144, Nr. 5839, Fols. 64 r4–103 v6.

27 Fol. 99 v2–3.

28 Der tibetische Text, der bei Sog-zlog-pa Blo-gros-rgyal-mtshan (1552–1624) überliefert ist, wird in S. G. Karmay: The Ordinance of lHa Bla-ma Ye-shes-'od, in: M. Aris und Aung San Suu Kyi (Hg.), Tibetan Studies in Honour of Hugh Richardson, Delhi 1980, S. 155–157 gegeben.

29 Eine Reihe von tibetischen Texten setzt Yeshe Ö mit Khore gleich, s. die Liste in R. Vitali: The Kingdoms of Gu.ge Pu.hrang According to the mNga'.ris rgyal.rabs by Gu.ge mkhan.chen Ngag.dbang grags.pa, New Delhi 1996, S. 177, Anm. 245. Ich folge der Tradition des mNga'-ris-rgyal-rabs aus dem 15. Jahrhundert.

30 dPa'-bo-gtsug-lag-'phreng-ba: mKhas-pa'i-dga'-ston, Beijing 1984, S. 372,13.

31 R. Vitali: The Kingdoms of Gu.ge. Pu.hrang, S. 167–168.

32 So das mNga'-ris-rgyal-rabs, 54,19 [Vitali, op. cit., S. 54].

33 Die Gefangennahme und der Tod des Herrschers von Guge sind zu einem literarischen Topos der späteren tibetischen Geschichtsschreibung geworden. Den Quellen zufolge geriet Yeshe Ö in Gefangenschaft, und sein Bruder Changchub Ö versuchte, ihn freizukaufen, indem er das Gewicht seines Körpers in Gold aufzubringen versuchte. Der Freikauf scheiterte daran, daß er das Gold für den Kopf von Yeshe Ö nicht aufzutreiben vermochte, woraufhin Yeshe Ö umgebracht wurde. Mit dem Gold, das nun nicht mehr benötigt wurde, wurde der Legende nach Atisha nach Westtibet eingeladen. Yeshe Ö starb jedoch schon im Jahr 1024. Es muß sich also bei dem Herrscher, der den Garlog in die Hände fiel, um Ö De gehandelt haben, s. Vitali, op. cit., S. 281–291.

34 So z. B. im Fall des Adelsgeschlechts der lokalen Herrscher von Yatö in Zentraltibet, s. T. Gyalbo, G. Hazod und P. K. Sørensen, Civilization at the Foot of Mount Sham-po, S. 14–16.

35 Die Vollordination für Nonnen ist in tibetisch-buddhistischen Lehrtraditionen erst seit 1982 möglich.

36 Nach dem Vinaya der Mūlasarvāstivādin.

37 Vgl. D. Schuh: Das Archiv des Klosters bKra-śis-bsam-gtan-glin von sKyid-gron. 1. Teil: Urkunden zur Klosterordnung, grundlegende

Rechtsdokumente und demographisch bedeutsame Dokumente, Findbücher, Bonn 1988, S. 50–53, und das in Faksimile wiedergegebene tibetische Dokument ebenda, S. 264–268.

38 G. Samuel: Civilized Shamans. Buddhism in Tibetan Societies, Kathmandu 1995, S. 578–582.

39 Zitiert nach P. Kvaerne: The Bon Religion of Tibet. The Iconography of a Living Tradition, London 1995, S. 22.

40 mKhas-pa'i-dga'-ston, S. 1415.

41 So das Chos-'byung-ngo-mtshar-rgya-mtsho aus dem Jahr 1609. Das Werk lag mir nicht vor, ich beziehe mich hier auf L. Petech: Central Tibet and the Mongols. The Yüan-Sa-skya Period of Tibetan History, Rom 1990, S. 7.

42 mKhas-pa'i-dga'-ston, S. 1416.

43 Aus Tib. *yon-bdag* und *mchod-gnas*, «Gabenherr» und «Opferort», d. h. Lama, dem ein Opfer dargebracht wird.

44 Diese Lehrtradition ist nicht weiter bekannt.

45 mKhas-pa'i-dga'-ston, 1416. Vgl. auch die abweichende Liste, die g'Yas-ru-stag-gtsang-padPal-'byor-bzang-po in rGya-bod-yig-tshang-mkhas-pa-dga'-byed-chen-mo-'dzam-gling-gsal-ba'i-me-long, 1979, Fol. 182 v2–5, gibt.

46 Da das mKhas-pa'i-dga'-ston, S. 894, berichtet, daß Göden bei dem Machtkampf zwischen Arik Böge und Khubilai um die Nachfolge Möngke Khans eine Rolle zugunsten Khubilais gespielt hat, muß er zu Beginn der sechziger Jahre des 13. Jahrhunderts noch gelebt haben. Dem widerspricht Petech, Central Tibet and the Mongols, S. 11, der jedoch keine Primärquellen als Beleg für seine Behauptung anführt.

47 Aus dem mongolischen *jasagh*. Der Begriff wird im Tibetischen jedoch im Sinne von «herrscherlicher Erlaß» (mongolisch *jarligh*) gebraucht.

48 Vgl. D. Schuh: Erlasse und Sendschreiben mongolischer Herrscher für tibetische Geistliche, St. Augustin 1977, S. 101–102. Schuh schreibt den Erlaß fälschlicherweise Göden zu.

49 Chinesisch «Uranfang». So lautete der Name der von Khubilai Khan gegründeten mongolischen Dynastie in China.

50 So noch Samuel, Civilized Shamans, S. 490.

51 Ein *Trikor* ist eine mongolische Verwaltungseinheit und entspricht einem mongolischen *Tümen*. Es ist nicht mit dem *Tride* der Yarlung-Dynastie gleichzusetzen.

52 Rig-'dzin-rgod-ldem (1337–1408), sBal-yul-mkhan-pa-lung-gis-lam-yig-sa-dpyad-dang-bcas-pa-bzhugs-so, Fol. 3 r1–2.

53 dPag-bsam-ljon-bzang, Re'u-mig, S. 51–52.

54 Erdeni tunumal neretü sudur, Fol. 17 r15–20 v23.

55 Zur Diskussion um die Etablierung der religionspolitischen Beziehungen zwischen den Gelugpa und den Tümed-Mongolen s. K. Kollmar-Paulenz: Prolegomena zu einer Neubewertung der religionspolitischen Beziehungen zwischen dem Altan Qaγan der Tümed-Mongolen und der tibetisch-buddhistischen dGe lugs pa-Schule im ausgehenden 16. Jahrhundert, in: Ural-Altaische Jahrbücher, Neue Folge, Nr. 16, 1999/2000, S. 245–256.

56 Die Khoshot sind ein westmongolischer Stamm.

57 Diese Nachricht erfahren wir nur aus der Autobiographie des 5. Dalai Lamas, sie wird nicht durch andere Quellen bestätigt; vgl. Y. Ishihama: On the Dissemination of the Belief in the Dalai Lama as a Manifestation of the Bodhisattva Avalokiteśvara, in: Acta Asiatica 64, 1993, S. 39.

58 mChod-yon-nyi-zla-zung-gi-khrims-yig, Fol. 6 r4, zitiert nach Ishihama, op. cit.

59 So in der von ihm verfaßten Biographie des 3. Dalai Lamas: rJe-btsun-thams-cad-mkhyen-pa-bsod-nams-rgya-mtsho'i-rnam-thar-dngos-grub-rgya-mtsho'i-shing-rta, in: 'Phags-pa-'jig-rten-dbang-phyug-gi-rnam-sprul-rim-byon-gyi-'khrungs-rabs-deb-ther-nor-bu'i-'phreng-ba, Dharamsala 1984, Bd. 2, S. 4ff.

60 Er war 1703 von seinem Amt zurückgetreten zugunsten seines ältesten Sohnes, der formal zum Desi ernannt wurde. Sanggye Gyatso hielt die Fäden der Macht jedoch weiterhin in seinen Händen.

61 Zitiert nach M. Aris: Hidden Treasures and Secret Lives. A Study of Pemalingpa (1450–1521) and the Sixth Dalai Lama (1683–1706), Delhi usw. 1988, S. 160.

62 Diesmal anstatt Desi als Gyeltsab betitelt.

63 Nicht nur der Reisebericht, sondern auch die tibetischsprachigen Werke Desideris wurden erst spät veröffentlicht, die letztgenannten erst seit den achtziger Jahren des 20. Jahrhunderts, s. G. Toscano (Hg.): Opere tibetane di Ippolito Desideri, S. J., Rom 1981 ff.

64 Wortlaut des Abkommens in M. van Walt van Praag: The Status of Tibet. History, Rights, and Prospects of International Law, Boulder 1987, S. 294–295.

65 Schon in frühen Chö-Texten steht die Lehre von der «Nicht-Parteilichkeit» (phyogs-ris-med) im Mittelpunkt.

66 Papers relating to Tibet 1904 (Cd. 1920). Commissioned for Parliament. Zitiert nach van Walt van Praag, op. cit., S. 31.

67 Khetsun Sangpo: Biographical Dictionary of Tibet & Tibetan Buddhism [in tibetischer Sprache], Dharamsala 1975, S. 378.

68 Ich definiere Europa nicht als geographischen, sondern als kulturellen Raum. Die Grenzen dieses kulturellen Konstrukts, und damit auch die Grenzen zwischen Asien und Europa wurden seit dem 17. Jahrhundert

stets neu definiert, s. J. Osterhammel: Die Entzauberung Asiens. Europa und die asiatischen Reiche im 18. Jahrhundert, München 1998, S. 41–46 und K. Schlögel: Im Raume lesen wir die Zeit. Über Zivilisationsgeschichte und Geopolitik, München/Wien 2003, S. 463–475.

69 Bekannt ist der Lama Damba Darsha Zajajev aus dem Tsongol Daitsan in Transbaikalien, der 1741 ganz Tibet bereiste. Zurückgekehrt verfaßte er ein Werk mit dem Titel «Vorschriften für buddhistische Kleriker in Ostsibirien», das von der Zarin Katharina II. gelobt wurde. Das Werk wurde von dem russischen Gelehrten Aleksej M. Pozdneev im Jahr 1900 in St. Petersburg in russischer Übersetzung publiziert.

70 G. Woodcock: Into Tibet: The Early British Explorers, London 1971, S. 112 und S. Turner: An Account of an Embassy to the Court of the Teshoo Lama in Tibet, London 1806, S. 273.

71 G. T. Tsybikov: Buddist-palomnik u sviatyn Tibeta, Petrograd 1918.

72 P. K. Kozlov: Tibet i Dalai Lama, Petersburg 1920.

73 In Übersetzung in M. C. Goldstein: A History of Modern Tibet, 1913–1951. The Demise of the Lamaist State, Berkeley usw. 1989, S. 54–58 gegeben.

74 Goldstein, op. cit., S. 57.

75 T. W. D. Shakabpa: Tibet. A Political History, New York 1984, S. 247.

76 Zitiert nach van Walt van Praag, The Status of Tibet, S. 51, aus den Political and Secret Files of the India Office, London.

77 Bis heute ist unklar, was mit dem Begriff «Suzeränität» genau gemeint war. Hugh Richardson bestimmt Suzeränität als «nominelle Souveränität über einen halb-unabhängigen oder intern autonomen Staat», s. H. Richardson, Tibet – Geschichte und Schicksal, Frankfurt am Main 1964, S. 31.

78 Tibetischer Text in Goldstein, A History of Modern Tibet, S. 349.

79 Tibetischer Text in Goldstein, op. cit., S. 359.

80 Khetsun Sangpo, Biographical Dictionary, Bd. 4, S. 656.

81 Vgl. T. Huber: The Guide to India. A Tibetan Account by Amdo Gendun Chöphel, Dharamsala 2000, S. 9.

82 Khetsun Sangpo, op. cit., S. 650.

83 Nach der wichtigsten Stadt in Osttibet.

84 J. Norbu: The Tibetan Resistance Movement and the Role of the CIA, in: A. McKay (Hg.), The History of Tibet, Bd. 3, London 2003, S. 615.

85 Vgl. T. Shakya: The Dragon in the Land of Snows. A History of Modern Tibet since 1947, New York 1999, S. 254.

Literaturhinweise

Allgemein:

R. B. Ekvall: Religious Observances in Tibet. Patterns and Functions, Chicago 1964.

H. Forster-Latsch, P. L. Renz: Tibet. Land – Religion – Politik, Frankfurt am Main 1999.

M. Henss: Tibet. Die Kulturdenkmäler, Zürich 1981.

A. McKay (Hg.): The History of Tibet. 3 Bde., London 2003.

F. Michael: Rule by Incarnation: Tibetan Buddhism and Its Role in Society and State, Boulder 1982.

C. C. Müller, W. Raunig (Hg.): Der Weg zum Dach der Welt, Innsbruck 1988.

G. Samuel: Civilized Shamans. Buddhism in Tibetan Societies, Kathmandu 1995.

T. W. D. Shakabpa: Tibet. A Political History, New York 1984.

R. A. Stein: Die Kultur Tibets, Berlin 1993.

Zur Einführung:

M. Brauen: Traumwelt Tibet- Westliche Trugbilder, Bern u. a. 2000.

T. Dodin, H. Räther (Hg.): Mythos Tibet. Wahrnehmungen, Projektionen, Phantasien, Köln 1997.

A. Gruschke: Tibet. Weites Land auf dem Dach der Welt, Freiburg 1993.

W. Köpke, B. Schmelz (Hg.): Die Welt des tibetischen Buddhismus, Hamburg 2005.

D. S. Lopez Jr.: Prisoners of Shangri-La. Tibetan Buddhism and the West, Chicago/London 1998.

Zu Kapitel I:

C. I. Beckwith: The Tibetan Empire in Central Asia: A History of the Struggle for Great Power among Tibetans, Turks, Arabs, and Chinese during the Early Middle Ages, Princeton 1987.

E. Haarh: The Yar-lung Dynasty. A Study with Particular Regard to the Contribution of Myths and Legends to the History of Ancient Tibet and the Origin and Nature of its Kings, Kopenhagen 1969.

M. T. Kapstein: The Tibetan Assimilation of Buddhism. Conversion, Contestation, and Memory, Oxford 2000.

P. K. Sørensen, G. Hazod, in Cooperation with Tsering Gyalbo: Thundering Falcon. An Inquiry into the History and Cult of Khra-'brug, Tibet's First Buddhist Temple, Wien 2005.

Zu Kapitel II:

M. T. Kapstein: Remarks on the Ma-ni bka'-'bum and the Cult of Avalokiteśvara in Tibet, in: S. Goddman and R. Davidson (Hg.), Tibetan Buddhism. Reason and Revelation, Albany 1992, S. 79–93, 163–169.

S. G. Karmay: The Ordinance of lHa Bla-ma Ye-shes-'od, in: M. Aris, Aung San Suu Kyi (Hg.), Tibetan Studies in Honour of Hugh Richardson, Warminster 1980, S. 150–162.

D. Klimburg-Salter: Tabo. A Lamp for the Kingdom. Early Indo-Tibetan Art in the Western Himalayas, Mailand 1997.

P. Kvaerne: The Bon Religion of Tibet. The Iconography of a Living Tradition, London 1995.

R. Vitali: The Kingdoms of Gu.ge Pu.hrang According to mNga'.ris.rgyal.rabs by Gu.ge mkhan.chen Ngag.dbang grags.pa, New Delhi 1996.

Zu Kapitel III:

H. Eimer: Ein Jahrzehnt Studien zur Überlieferung des tibetischen Kanjur, Wien 1992.

L. Petech: Central Tibet and the Mongols. The Yüan Sa-skya Period of Tibetan History, Rom 1990.

D. S. Ruegg: Ordre spirituel et ordre temporel dans la pensée bouddhique de l'Inde et du Tibet. Quatre conférences au Collège de France, Paris 1995.

D. Schuh: Erlasse und Sendschreiben mongolischer Herrscher für tibetische Geistliche, St. Augustin 1977.

P. K. Sørensen: Tibetan Buddhist Historiography. The Mirror Illuminating the Royal Genealogies. An Annotated Translation of the XIVth Century Tibetan Chronicle: rGyal-rabs gsal-ba'i me-long, Wiesbaden 1994.

Zu Kapitel IV:

Z. Ahmad: Sino-Tibetan Relations in the Seventeenth Century, Rom 1970.

Ch. Allen: Duell in the Snows. The True Story of the Younghusband Mission to Lhasa, London 2004.

G. Bogle: Im Land der lebenden Buddhas. Entdeckungsreise in das verschlossene Tibet 1774–1775, Stuttgart 1984.

M. Brauen (Hg.): Die Dalai Lamas. Tibets Reinkarnationen des Bodhi-sattva Avalokiteśvara, Stuttgart/Zürich 2005.

K. Kollmar-Paulenz: Prolegomena zu einer Neubewertung der religions-politischen Beziehungen zwischen dem Altan Qaγan der Tümed-Mongolen und der tibetisch-buddhistischen dGe lugs pa-Schule im ausgehenden 16. Jahrhundert, in: Ural-Altaische Jahrbücher, Neue Folge, 16, 1999/2000, S. 245–256.

J. Kolmaš: Tibet and Imperial China. A Survey of Sino-Tibetan Relations up to the End of the Manchu Dynasty in 1912, Canberra 1967.

M. A. Mills: Identity, Ritual and State in Tibetan Buddhism. The Foundations of Authority in Gelukpa Monasticism, London 2003.

L. Petech: China and Tibet in the Early Eighteenth Century: The History of the Establishment of the Chinese Protectorate in Tibet, Westport 1973.

–: Aristocracy and Government in Tibet (1728–1959), Rom 1973.

F. Pommaret (Hg.): Lhasa in the Seventeenth Century. The Capital of the Dalai Lamas, Leiden/Boston 2003.

P. Schwieger, L. S. Dagyab: Die ersten dGe-lugs-pa-Hierarchen von Brag-g.yab (1572–1692), Bonn 1989.

T. Shaumian: Tibet. The Great Game and Tsarist Russia, New Delhi 2000.

C. Wessels S. J.: Early Jesuit Travellers in Central Asia 1603–1721, The Hague 1924.

G. Woodcock: Into Tibet: The Early British Explorers, London 1971.

Zu Kapitel V:

Sir Ch. Bell: Tibet, Past and Present, Oxford 1924.

–: Portrait of a Dalai Lama, London 1946.

M. C. Goldstein: A History of Modern Tibet, 1913–1951. The Demise of the Lamaist State, Berkeley u. a. 1989.

E. Hessel: Die Welt hat mich trunken gemacht. Die Lebensgeschichte des Amdo Gendün Chöpel, Berlin 2000.

P. Mehra: From Conflict to Conciliation. Tibetan Polity Revisited. A Brief Historical Conspectus of the Dalai Lama-Panchen Lama Standoff, ca. 1904–1989, Wiesbaden 2004.

H. Richardson (Hg.): Adventures of a Tibetan Fighting Monk, Bangkok 1986.

M. C. van Walt van Praag: The Status of Tibet. History, Rights, and Prospects in International Law, Boulder 1987.

Zu Kapitel VI:

G. T. Andrug: Four Rivers, Six Ranges. Reminiscences of the Resistance Movement in Tibet, Dharamsala 1973.

M. C. Goldstein, C. M. Beall: Nomads of Western Tibet: The Survival of a Way of Life, London 1990.

M. C. Goldstein, W. Siebenschuh, Tashi Tsering: The Struggle for Modern Tibet. The Autobiography of Tashi Tsering, New York/London 1999.

M. C. Goldstein, M. T. Kapstein (Hg.): Buddhism in Contemporary Tibet. Religious Survival and Cultural Identity, Delhi 1999.

J. Norbu: Horseman in the Snow. The Story of Aten and the Khampas' Fight for the Freedom of their Country, London 1961.

–: The Tibetan Resistance Movement and the Role of the CIA, in: A. McKay (Hg.), The History of Tibet, 3. Bd., S. 610–618.

M. Peissel: Die Chinesen sind da! Der Freiheitskampf der Khambas, Wien/ Hamburg 1973.

T. Shakya: The Dragon in the Land of Snows. A History of Modern Tibet since 1947, New York 1999.

Zu Kapitel VII:

J. Ardley: The Tibetan Independence Movement: Political, Religious and Gandhian Perspectives, London 2002.

Dalai Lama: Das Buch der Freiheit. Die Autobiographie des Nobel-preisträgers, Bergisch-Gladbach 1990.

G. Dreyfus: The Shuk-den Affair: History and Nature of a Quarrel, in: Journal of the International Association of Buddhist Studies, Bd. 21, Nr, 2, 1999, S. 227–270.

M. C. Goldstein: The Snow Lion and the Dragon. China, Tibet, and the Dalai Lama, Berkeley u. a. 1997.

P.Ch. Klieger (Hg.): Tibet, Self and the Tibetan Diaspora. Voices of Difference, Leiden u. a. 2002.

O. Schell: Virtual Tibet. Searching for Shangri-La from the Himalayas to Hollywood, New York 2000.

T. Subba: Flight and Adaption. Tibetan Refugees in the Darjeeling-Sikkim Himalaya, Dharamsala 1990.

Karten

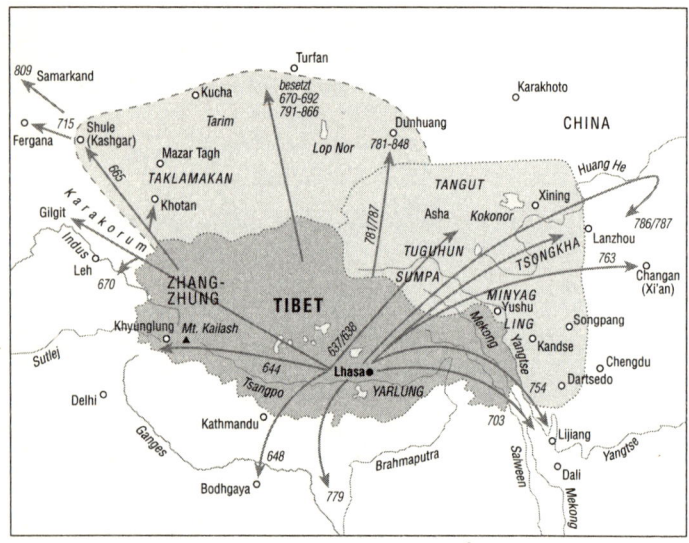

Expansion der Yarlung-Dynastie in Tibet (7.- 9. Jh.)

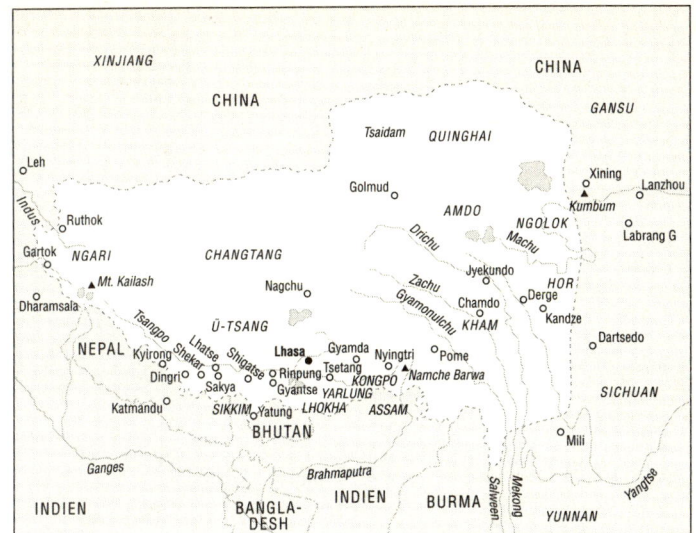

Tibet bis 1950

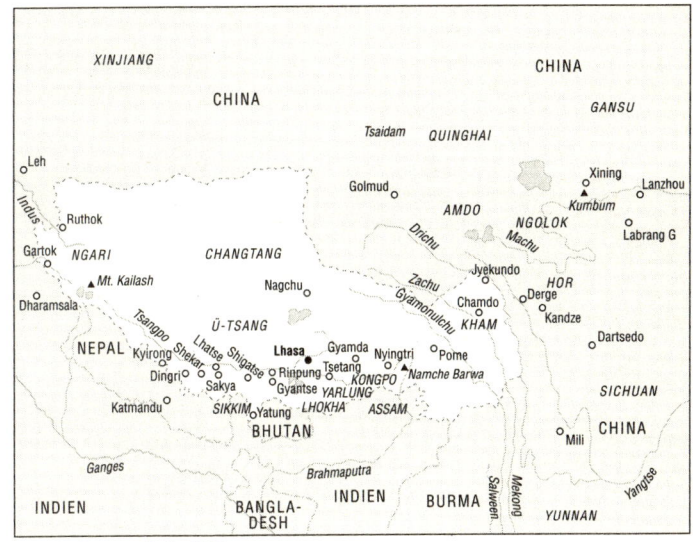

Tibetische Autonome Region (TAR)

Zeittafel

ca. 12 000 v. Chr.	Früheste Besiedlungsspuren in Nordwesttibet
frühes 7. Jh. n. Chr.	Begründung der Yarlung-Dynastie
618 (?)–649	Regierung Songtsen Gampo; erste Kontakte mit dem Buddhismus; Einführung der Schrift; Beginn der Expansionspolitik in Zentralasien
637/38	Unterwerfung der Tuyu-hun am Kökenor
650–677	Regierung Trimanglön
663–670	Eroberung Ostturkestans
686–704	Regierung Tridüsong
704–755	Regierung Tride Tsugtsen
730	Friedensabkommen zwischen Türgish, Tibet und China
751/52	Unterwerfung des Reichs von Nanzhao
755–797	Regierung Trisong Detsen; Shāntarakshita, Kamalashīla und Padmasambhava in Tibet
763	Eroberung der Region um Gansu; Einnahme und Plünderung von Changan, der Hauptstadt des chinesischen Reichs
779	Gründung des ersten buddhistischen Klosters Samye
780	Proklamation des Buddhismus als Staatsreligion
783	Friedensabkommen mit China
787	Einnahme von Dunhuang und Hami in Ostturkestan
792–794	Debatte von Samye
797–799	Regierung Mune Tsenpo
799–815	Regierung Tride Songtsen
815–836	Regierung Rälpachen
821/22	Friedensabkommen mit China
838–842	Regierung Langdarma; Ende der «frühen Verbreitung» des Buddhismus
nach 842	Kämpfe um die Nachfolge; Zersplitterung in einzelne Fürstentümer; lokale Aufstände
10. Jh.	Beginn der «späteren Verbreitung» des Buddhismus
976	Rinchen Sangpo aus Guge, Westtibet, in Indien

987–1023	Rückkehr Rinchen Sangpos nach Guge; Tempelgründungen und Übersetzungen indischer buddhistischer Schriften; Einladung des indischen Gelehrten Atisha durch den Herrscher von Guge
1037	Kriegszug des Herrschers von Guge gegen die Qarakhaniden; Plünderung Tholings durch die Qarakhaniden
1042	Atisha trifft in Guge ein
1054	Tod Atishas in Nethang bei Lhasa
1057	Gründung des Kadampa-Klosters Reting durch Dromtön, den Schüler Atishas
1073	Gründung des Klosters Sakya durch Könchog Gyelpo
1158	Gründung des Phagmodrupa-Klosters Densathil durch Phagmodrupa
1179	Gründung des Klosters Drigung durch Jigten Gönpo, Sitz der Lehrtradition gleichen Namens
1189	Gründung des Klosters Tshurphu im Nordwesten Lhasas durch Düsum Khyenpa. Das Kloster ist heute noch Sitz des Oberhaupts der Karmapa
1240	Einfall der Mongolen nach Zentraltibet
1247	Sakya Pandita als Abgesandter der tibetischen Fürsten bei Göden Khan
1249	Ernennung Sakya Panditas zum Repräsentanten Tibets durch Göden Khan
1252 und 1253	Mongolische Militärexpeditionen in Tibet
1252	Erlaß Möngke Khans zur Steuerbefreiung des tibetischen Klerus
1253/54–1264	Phagpa Lama am Hof Khubilai Khans
1264	Ernennung Phagpas zum Guoshi, «Nationalen Lehrer», durch Khubilai Khan; «Perlenedikt» des Khubilai Khan
1264	Eroberung Amdos durch die Mongolen
1267	Aufstand in Zentraltibet gegen die Sakyapa; Niederschlagung durch mongolische Truppen
1268	Beginn der Mongolenherrschaft in Tibet durch die Lokalregierung der Sakyapa; Rückkehr Phagpas an den Hof Khubilai Khans
1268	Erster Zensus in Zentraltibet und Teilen Westtibets
1269	Einführung der Phagpa-Schrift als offizielle Schrift der Yuan-Dynastie
1269	Einrichtung des Postdienstes in Tibet

1270	Einrichtung des Amts des Dishi, des «kaiserlichen Lehrers»; Ernennung Phagpa Lamas zum ersten Dishi (bis 1274)
1274	Ernennung von Rinchen Gyeltsen zum Dishi
1276	Rückkehr Phagpas nach Sakya
1280	Tod Phagpa Lamas
1281	Mongolische Truppen in Zentraltibet
1288	Einrichtung des «Departments für buddhistische und tibetische Angelegenheiten» in Peking
1290	Revolte der Drigungpa gegen die Herrschaft der Sakyapa; Niederschlagung der Revolte mit mongolischer militärischer Hilfe
1322	Ernennung des Changchub Gyeltsen zum Tripön
1324	Aufteilung des Fürstentums von Sakya in vier «Residenzen» (*bla-brang*)
1347–1351	Kanjur-Redaktion im Kloster Tshel Gungthang
1348	Krieg zwischen dem Pönchen von Sakya und den Phagmodrupa unter Changchub Gyeltsen; Sieg der Phagmodrupa
1348–1353	Bürgerkrieg in Zentraltibet: Phagmodrupa gegen Tshelpa und Drigungpa
1354	Unterwerfung des Pönchens von Sakya unter die Herrschaft der Phagmodrupa
1357	Ernennung Changchub Gyeltsens zum Tai Situ durch den Yuan-Kaiser
1357	Geburt Tsongkhapas
1391	Geburt Gendün Grubpas, postum zum 1. Dalai Lama ernannt
1409	Gründung des Klosters Ganden unweit von Lhasa durch Tsongkhapa; Einführung des «Großen Gebets» anläßlich der Neujahrsfeierlichkeiten
1411	Erste Kanjur-Druckausgabe in Peking
1416	Gründung des Klosters Drepung bei Lhasa durch Jamyang Chöje, einen Schüler Tsongkhapas
1419	Tod Tsongkhapas
1419	Gründung des Klosters Sera bei Lhasa durch Chamchen Chöje, einen weiteren Schüler Tsongkhapas
1435	Einnahme von Shigatse durch den Fürsten von Rinpung
1447	Gründung des Klosters Tashilhunpo in Westtibet
1475	Geburt Gendün Gyatsos, postum zum 2. Dalai Lama ernannt

1498–1517	Herrschaft der Fürsten von Rinpung über Zentraltibet
1543	Geburt des 3. Dalai Lamas Sönam Gyatso
um 1565	Eroberung von Shigatse durch Karma Tseten, den Fürsten von Tsang
1578	Treffen Sönam Gyatsos mit dem Mongolenherrscher Altan Khan am Kökenor; Verleihung des Ehrentitels *dalai lama*, «Meeres-Lama», an Sönam Gyatso durch Altan Khan
1588	Tod des 3. Dalai Lamas in der Mongolei
1589	Geburt des 4. Dalai Lamas als Sohn eines mongolischen Fürsten
1611	Truppen des Fürsten von Tsang in Zentraltibet
1617	Geburt des 5. Dalai Lamas
1621	Belagerung der Armee des Fürsten von Tsang durch die Mongolen bei Lhasa
1626–1632	Jesuitenmissionare Cacella und Cabral in Westtibet
1641	Einnahme von Osttibet durch Gushri Khan der Khoshot-Mongolen
1642	Einnahme Zentraltibets durch Truppen der Khoshot-Mongolen; Tod des Fürsten von Tsang
1642	Installierung des 5. Dalai Lamas als weltlicher und geistlicher Herrscher Tibets durch Gushri Khan
1644	Feldzug gegen Bhutan; Niederlage der Tibeter und ihrer mongolischen Verbündeten
1645	Baubeginn des Potala
1645	Handelsabkommen zwischen Tibet und den Herrschern von Kathmandu
1648/49	Erneuter Feldzug und Niederlage gegen Bhutan
1652	Der 5. Dalai Lama in Peking auf Einladung des chinesischen Kaisers
1657	Feldzug gegen Bhutan
1661	Missionare Johannes Grueber und Albert d'Orville in Lhasa
1676–1678	Feldzug gegen Bhutan
1679	Krieg gegen das Königreich von Ladakh
1679	Beginn der Regentschaft Sanggye Gyatsos
1682	Tod des 5. Dalai Lamas
1683	Geburt des 6. Dalai Lamas
1684	Friedensvertrag zwischen Tibet und Ladakh

1705	Gefangennahme und Enthauptung des Regenten Sanggye Gyatso durch die Khoshot-Mongolen unter Lhazang Khan
1706	Absetzung des 6. Dalai Lamas durch Lhazang Khan und Einsetzung eines neuen 6. Dalai Lamas
1707	Italienische Kapuzinermönche in Lhasa
1708	Geburt des 7. Dalai Lamas
1714	Letzter Versuch, Bhutan zu erobern
1716–1721	Jesuit Desideri in Lhasa
1717	Dzungaren-Einfall unter Ceringdondub, Stürmung Lhasas und Ermordung Lhazang Khans
1718	Niederlage einer mandschurischen Armee bei Nagchukha
1720	Vertreibung der Dzungaren aus Tibet mit Hilfe mandschurischer Truppen; Errichtung der chinesischen Oberhoheit; Inthronisierung des 7. Dalai Lamas
1728	Stationierung mandschurischer Truppen in Lhasa und Einrichtung des Amban-Amts; Machtübernahme durch Pholhane
1745	Ausweisung der Kapuzinermönche aus Lhasa
1747	Tod Pholhanes
1751	Anerkennung des 7. Dalai Lamas als Oberhaupt Tibets durch den chinesischen Kaiser; Einsetzung eines Ministerrats unter der Aufsicht zweier Ambane
1774	George Bogle, Gesandter der East India Company, in Shigatse
1783	Samuel Turner in Tashilhunpo
1788	Besetzung Südtibets durch die Gurkhas
1791	Zweiter Feldzug der Gurkhas in Tibet; Besetzung von Tsang und Plünderung von Tashilhunpo; Niederlage der Gurkhas durch chinesische Armee
1793	Administrative Eingliederung Tibets in das chinesische Reich
1819–1844	Regentschaft Tsemolings
1842	Einfall der Dogras in Westtibet
1852	Abkommen zwischen Kashmir und Tibet über Grenzverlauf und Handelsbeziehungen
1854	Einfall der Gurkhas in Tibet
1856	Friedensabkommen zwischen Tibet und Nepal; Anerkennung Nepals als Schutzmacht von Tibet
1863–1865	Krieg gegen das Fürstentum von Nyarong in Osttibet

ab 1865	Unterstellung des Fürstentums von Derge unter die Zentralregierung von Lhasa
1872/73	Agvan Dorjiev in Lhasa
1875	Geburt des 13. Dalai Lamas
1876	Abschluß der Chefoo Convention zwischen China und Großbritannien
1885	Britische Expedition nach Lhasa unter Colman Macaulay
1888	Militärische Kampagne der Briten gegen tibetische Truppen an der Grenze zu Sikkim
1895	Übernahme der Regierung durch den 13. Dalai Lama
1898	Offizielle tibetische Gesandtschaft unter Agvan Dorjiev in St. Petersburg
1901	Geheime tibetische Mission unter Agvan Dorjiev in Rußland
1904	Younghusband-«Expedition» in Lhasa; Flucht des Dalai Lamas in die Mongolei nach Urga
1904	Lhasa Convention zwischen Tibet und der Britischen Regierung; Einrichtung von britischen Handelsagenturen in Gyantse und Yatung
1905	Einmarsch chinesischer Truppen in Kham
1906	Abkommen zwischen China und Großbritannien: Anerkennung der Oberhoheit Chinas über Tibet
1909	Rückkehr des Dalai Lamas nach Lhasa; chinesischer Truppeneinmarsch in Lhasa
1910	Erneute Flucht des Dalai Lamas nach Indien
1911	Sturz der Mandschu-Dynastie in China
1912	«Drei-Punkte-Abkommen» zwischen Tibet und China: Abzug der chinesischen Truppen aus Zentral- und Osttibet
1913	Rückkehr des Dalai Lamas nach Lhasa; Proklamation der tibetischen Unabhängigkeit
1913	Konferenz von Simla
3.7.1914	Ratifizierung des Abkommens von Simla durch Großbritannien und Tibet; Verweigerung der Ratifizierung durch China
1913–1925	Modernisierungskampagne in Lhasa: u.a. Reform des Bildungswesens, des Militärs, Einführung von Papiergeld und Reform des Postwesens
1923	Zerwürfnis zwischen Dalai Lama und Panchen Lama; Flucht des Panchen Lamas in die Mongolei und später nach China

1926	Scheitern der Reformen; Verbot von europäischer Kleidung und Importverbot für Tabak
1933	Tod des 13. Dalai Lamas
1933–1940	Regentschaft von Reting Rinpoche
1933	Reformbewegung des Beamten Lungshar
1935	Geburt des 14. Dalai Lamas in Taktser in Amdo
1937	Tod des Panchen Lamas im chinesischen Exil
1941–1950	Regentschaft von Taktra Rinpoche
1944	Eröffnung einer englischen Schule in Lhasa; Schließung nach nur fünf Monaten
1947	Festnahme von Reting Rinpoche; Tod im Gefängnis
1947/48	Entsendung der ersten offiziellen tibetischen Mission nach Indien, China, Großbritannien und in die USA
1. 10. 1949	Gründung der Volksrepublik China
Oktober 1950	Einmarsch der Volksbefreiungsarmee nach Kham; Einnahme von Chamdo
November 1950	Übernahme der Regierung durch den 14. Dalai Lama
23. 5. 1951	Unterzeichnung des «Siebzehn-Punkte-Abkommens» zwischen Tibet und China in Peking
1951	Einmarsch der Volksbefreiungsarmee in Zentraltibet
1954	Dalai Lama und Panchen Lama bei Mao Zedong in Peking
1955	Einrichtung des «Vorbereitenden Komitees der Autonomen Region Tibet»
1955–1956	«Kanding»-Aufstand in Osttibet
17. 3. 1959	Flucht des Dalai Lamas aus Lhasa nach Indien
18.–22. 3. 1959	Aufstand in Lhasa gegen die chinesischen Besatzer
1959	Gründung der Exilregierung
ab 1959	Zentrum der tibetischen Exilgesellschaft in Dharamsala in Nordindien
1965	Endgültige Integration Tibets in die Volksrepublik China durch Errichtung der Tibetischen Autonomen Region (TAR)
1966	Beginn der Kulturrevolution: Systematische Zerstörung des tibetischen kulturellen Erbes durch Rotgardisten
1975	Neue chinesische Siedlungspolitik: Ansiedlung von Han-Chinesen in Tibet
1982–1987	Langsame Öffnung Tibets; eingeschränkte Erlaubnis zur Ausübung der Religion, Instandsetzung von Klöstern und Tempeln
1985	Einrichtung der Universität von Lhasa

1987	«Fünf-Punkte-Vorschlag» des Dalai Lamas
1987	Unabhängigkeitsdemonstrationen in Lhasa
5.3.1989	Anti-chinesische Demonstrationen in Lhasa
März 1989– April 1990	Kriegsrecht in Tibet
1995	Anerkennung des 8. Panchen Lamas durch den Dalai Lama; Inthronisierung eines Gegenkandidaten durch die chinesische Regierung und Entführung des vom Dalai Lama eingesetzten Panchen Lamas

Bildnachweis

Liste der Dalai Lamas und Panchen Lamas

Dalai Lamas:

1. Gendün Drubpa (1391–1474)
2. Gendün Gyatso (1475–1542)
3. Sönam Gyatso (1543–1588)
4. Yönten Gyatso (1589–1616)
5. Ngawang Lobsang Gyatso (1617–1682)
6. Tshangyang Gyatso (1683–1706)
7. Kelsang Gyatso (1708–1757)
8. Jampel Gyatso (1758–1804)
9. Lungtok Gyatso (1805–1815)
10. Tsültrim Gyatso (1816–1837)
11. Khedrub Gyatso (1838–1855)
12. Thinle Gyatso (1856–1875)
13. Thubten Gyatso (1876–1933)
14. Tenzin Gyatso (geb. 1935)

Panchen Lamas:

1. Lobsang Chökyi Gyeltsen (1567/1570–1662)
2. Lobsang Yeshe (1663–1737)
3. Lobsang Pälden Yeshe (1738–1780)
4. Lobsang Tänpä Nyima (1782–1853)
5. Lobsang Pälden Chökyi Dragpa Tänpä Wangchug (1855–1882)
6. Lobsang Chökyi Nyima Geleg Namgyel (1883–1937)
7. Lobsang Thinle Lhudup Chökyi Gyeltsen (1938–1989)
8. Tenzin Gendün Yeshe Thinle Phüntshog (geb. 1989)

Glossar

Amban, seit dem frühen 18. Jahrhundert Repräsentant der chinesischen Regierung in Lhasa.

Avalokiteshvara, Bodhisattva der unendlichen Liebe und des Mitgefühls; als seine irdische Verkörperung gelten der erste tibetische Herrscher Songtsen Gampo, die Dalai Lamas sowie die Karmapas.

Bodhisattva, wörtlich «Wesen zur Erleuchtung», bezeichnet im Mahāyāna-Buddhismus eine Person, die ihre eigene Befreiung aus dem Existenzenkreislauf verzögert, um sämtliche Lebewesen auf den Pfad der Erleuchtung zu führen.

Bön, Name der in Tibet neben dem Buddhismus verbreiteten Religion.

Bönpo, ein Anhänger der Bön-Religion.

Buddhafeld, aus dem reinen Geist eines Bodhisattvas oder Buddhas für die Lebewesen geschaffene transzendente Sphäre.

Desi, Regent.

Jowo, die im Jokhang bewahrte Statue des zwölfjährigen Buddha Shākyamuni, die der Legende nach von der chinesischen Prinzessin Wencheng im 7. Jahrhundert nach Lhasa gebracht wurde.

Kanjur, wörtlich «Übersetzung des [Buddha]-Worts», die kanonische Sammlung buddhistischer Schriften, oft in 108 Bänden geordnet.

Karmapa, 1. Name einer im 11. Jahrhundert begründeten tibetisch-buddhistischen Lehrtradition; 2. Titel des Oberhaupts der gleichnamigen Lehrtradition.

Labrang, wörtlich «Lama-Residenz», bezeichnet 1. den Wohnsitz eines Lamas, 2. den gesamten Besitz eines inkarnierten Lamas.

Lama, 1. im alltäglichen Sprachgebrauch jeder Mönch oder Yogin, der religiöse Belehrungen gibt; 2. der persönliche geistliche Lehrer; 3. ein Lehrer, der tantrische Initiationen gibt. Ein Lama kann, muß aber nicht die Mönchsgelübde abgelegt haben.

Mahāyāna, im 1. Jahrhundert v. Chr. entstandene Form des Buddhismus, in deren Zentrum das Ideal, ein Bodhisattva zu werden, steht.

Mani-Mauern, Steine oder Mauerwerk, auf die das Mantra «Om māni padme hūm» gemalt ist.

Mantra, religiöse Formel im Mahāyāna-Buddhismus.

Mönlam Chenmo, wörtlich «Großes Bittgebet», dreiwöchiges Gebetsfest im Anschluß an die tibetischen Neujahrsfeierlichkeiten.

Pönchen, oberster Verwaltungsbeamter der Regionalregierung in Tibet während der Mongolenherrschaft.

Sangha, buddhistische Gemeinde, bestehend aus den Mönchen und Nonnen sowie den Laienanhängern beiderlei Geschlechts.

Stūpa, halbkugelförmiger Grabbau/Schrein, der Reliquien des Buddha oder eines buddhistischen Heiligen enthält.

Tantra, 1. in Tibet populäre Form des Mahāyāna-Buddhismus, die durch Askese und Ritual die Befreiung in der gegenwärtigen Existenz anstrebt; 2. Textgattung des Mahāyāna-Buddhismus.

Tenjur, wörtlich «Übersetzung der Kommentare», die in 225 Bänden geordnete kanonische Sammlung der Kommentarliteratur zum Kanjur.

Thangka, wörtlich «flaches Bild»: im tibetischen Buddhismus religiöse Gemälde.

Tripön, lokaler Fürst in der Verwaltung der tibetischen Regionalregierung während der Mongolenherrschaft.

Tsenpo, Herrschertitel der Yarlung-Könige.

Tulku, wörtlich «Erscheinungskörper», Lamas, die als Emanationen eines Buddhas oder Bodhisattvas gelten.

Yangsi, Wiedergeburt einer historischen Persönlichkeit, meist eines verstorbenen Lamas.

Yogin, eine Person, die tantrische Rituale praktiziert.

Yönchö-Beziehung, rituelle Gabentausch-Beziehung zwischen einem «Gabenherrn», gewöhnlich einem buddhistischen Laien, und einem Lama, Mönch oder einer Mönchsgemeinde.

Wissenschaftliche Transliteration der tibetischen Namen und Begriffe

Personen:

Bas: dBa's
Bel: 'Bal
Bodi Ratsa: Bo-dhi-ra-tsa
Butön: Bu-ston
Chagna Dorje: Phyag-na-rdo-rje
Chamchen Chöje: Byams-chen-chos-rje
Changchub Gyeltsen: Byang-chub-rgyal-mtshan
Changchub Ö: Byang-chub-'od
Che: lCe
Chetsün Sherab Jungne: lCe-btsun Shes-rab-'byung-gnas
Chim: mChims
Chogro: Cog-ro
Demo Rinpoche: bDe-mo Rin-po-che
Dezhin Shegpa: bDe-bzhin-gshegs-pa
Dönyö Dorje: Don-yod-rdo-rje
Dorje Shugden: rDo-rje-gshugs-ldan
Dragpa Gyeltsen: Grags-pa-rgyal-mtshan
Dragpa Jungne: Grags-pa-'byung-gnas
Dro: 'Bro
Drogmi: 'Brog-mi
Dromtön: 'Brom-ston
Drönma: 'Dron-ma

Druggyel Kyura: 'Brug-rgyal-khyu-ra
Düsum khyenpa: Dus-gsum-mkhyen-pa
Galenos: Ga-le-nos
Gampopa: sGam-po-pa
Gar: mGar
Gar Tongtsen: mGar-stong-rtsan
Gar Tridring: mGar-khri-'bring
Garlog: Gar-log
Gendün Chöphel: dGe-'dun-chos-'phel
Gendün Drubpa: dGe-'dun-grub-pa
Gendün Gyatso: dGe-'dun-rgya-mtsho
Gompa: sGom-pa
Gongpa Rabsel: dGongs-pa-rab-gsal
Gö: mGos
Gö Lotsava: 'Gos Lo-tsā-ba
Gudri Singpoje: dGu-gri-zing-po-rje
Gungsong Gungtsen: Gung-srong-gung-btsan
Gungthangpa: Gung-thang-pa
Gyurme Namgyel: 'Gyur-med-rnam-rgyal
Jampel Gyatso: 'Jam-dpal-rgya-mtsho

Phabongkha Rinpoche: Pha-bong-kha Rin-po-che

Phagmodrupa: Phag-mo-gru-pa

Phagpa: 'Phags-pa

Pholhane: Pho-lha-nas

Rälpachen: Ral-pa-can

Reting Rinpoche: Rva-sgreng Rin-po-che

Rinchen Gyeltsen: Rin-chen-rgyal-mtshan

Rinchen Sangpo: Rin-chen-bzang-po

Sachen Künga Nyingpo: Sa-chen Kun-dga'-snying-po

Sakya Pandita Künga Gyeltsen: Sa-skya-pandi-ta Kun-dga'-rgyal-mtshan

Sanggye Gyatso: Sangs-rgyas-rgya-mtsho

Sanggye Yajön: Sangs-rgyas-yar-byon

Shakya Sangpo: Shākya-bzang-po

Sherab Gyeltsen: Shes-rab-rgyal-mtshan

Shugden: gShugs-ldan

Sönam Chöphel: bSod-nams-chos-'phel

Sönam Gyatso: bSod-nams-rgya-mtsho

Songne: Srong-nge

Songtsen Gampo: Srong-btsan-sgam-po

Sumpa: Sum-pa

Sur Shakya Ö: Zur-shākya-'od

Tagbu Nyasig: sTag-bu-snya-gzigs

Taglung Sanggye Yajön: sTag-lung-sangs-rgyas-yar-byon

Taglungpa Rinchengön: sTag-lung-pa Rin-chen-mgon

Taktra Rinpoche: sTag-brag Rin-po-che

Thinle Gyatso: Phrin-las-rgya-mtsho

Thönmi Sambhota: Thon-mi-sam-bho-ta

Thubten Gyatso: Thub-bstan-rgya-mtsho

Tönpa Shenrab Mibo: sTon-pa gShen-rab-mi-bo

Tride Göntsen: Khri-lde-mgon-btsan

Tride Tsugtsen: Khri-sde-gtsug-btsan

Tridüsong: Khri-'dus-srong

Trimanglön: Khri-mang-slon

Tongtsen: sTong-rtsan

Tride Songtsen: Khri-lde-srong-btsan

Trijang Rinpoche: Khri-byang Rin-po-che

Trinam Depön Tsenpo: Khri-gnam-lde'i-dbon-btsan-po

Tripa: Khri-pa

Trisong Detsen: Khri-srong-lde'u-btsan

Tsana Yeshe Gyeltsen: Tsha-na-ye-shes-rgyal-mtshan

Tsarong: Tsha-rong

Tshangyang Gyatso: Tshang-dbyangs-rgya-mtsho

Tshelpa Künga Dorje: Tshal-pa Kun-dga'-rdo-rje

Tsepong: Tse-spong

Tsongkhapa Lobsang Dragpa: Tshong-kha-pa Blo-bzang-grags-pa

Tsültrim Gyatso: Tshul-khrims-rgya-mtsho

Yeshe Ö: Ye-shes-'od

Yönten Gyatso: Yon-tan-rgya-mtsho

Yumten: Yum-brtan

Zangpo Pel: bZang-po-dpal

Orte:

Amdo: A-mdo
Batang: Bar-thang
Beri: Be-ri
Bhamari: Bha-ma-ri
Bruzha: Bru-zha
Chagpori: lCags-po-ri
Chamdo: Chab-mdo
Changthang: Byang-thang
Chöding Trimdenling: Chos-
  sdings-khrims-ldan-gling
Chonggye: Phyong-rgyas
Dagyab: Brag-g'yab
Denmadrag: lDan-ma-brag
Densathil: gDan-sa-mthil
Derge: sDe-dge
Do Kham: mDo-khams
Dome: mDo-smad
Dragka Thegchenling: Brag-kha-
  theg-chen-gling
Drangtse: Grang-rtse
Drepung: 'Bras-spungs
Drigu: 'Bri-gu
Drigung: 'Bri-gung
Gadong: dGa'-gdong
Ganden: dGa'-ldan
Ganden Phüntsogling: dGa'-ldan-
  phun-tshog-gling
Ganden Phugpoche: dGa'-ldan-
  phug-po-che
Gongri Karpo: Gong-ri-dkar-po
Guge: Gu-ge
Gungthang: Gung-thang
Gyantse: rGyal-rtse
Gyarong: rGya-rong
Jokhang: Jo-khang
Jomonang: Jo-mo-nang
Jonang: Jo-nang
Kham: Khams
Khamba Dzong: Kham-ba-rdzong
Khenpalung: mKhan-pa-lung

Khvachar: Khva-char
Kongpo: Kong-po
Kumbum: sKu-'bum
Kyirong: sKyid-grong
Kyishö: sKyid-shod
Labrang Tashikhyil: Bla-brang-
  bkra-shis-'khyil
Lamayuru: Bla-ma-g'yu-ru
Latö: La-stod
Lhakhang Chenmo: lHa-khang-
  chen-mo
Lhamo: lHa-mo
Lhodrag: lHo-'brag
Lhokha: lHo-kha
Lithang: Li-thang
Mangyül: Mang-yul
Marpori: dMar-po-ri
Menri: sMan-ri
Metog Rawa: Me-tog-ra-ba
Möngar: Mon-mgar
Nagchukha: Nag-chu-kha
Narthang: sNar-thang
Nedong: sNe'u-gdong
Nethang: sNye-thang
Ngari: mNga'-ris
Ngari Korsum: mNga'-ris-skor-
  gsum
Norbulingka: Nor-bu-gling-ka
Nyanang: gNya'-nang
Nyang: Nyang
Nyangchu: Nyang-chu
Nyarma: Nyar-ma
Nyarong: Nyag-rong
Ölmo Lungring: 'Ol-mo-lung-
  ring
Phangthang: 'Phang-'thang
Pö: Bod
Pöyül: Bod-yul
Purang: Pu-hrang
Ramoche: Ra-mo-che

Rasa: Ra-sa
Reting: Rva-sgreng
Rinpung: Rin-spungs
Rongshar: Rong-shar
Sakya: Sa-skya
Samdrub Tse: bSam-sgrub-rtse
Samye: bSam-yas
Sera: Se-ra
Serthar: gSer-thar
Shigatse: gZhis-kha-rtse
Taglung: sTag-lung
Tagtse: sTag-rtse
Tashilhunpo: bKra-shis-lhun-po
Tashi Samtenling: bKra-shis-
   bsam-gtan-gling
Tholing: Tho-lding
Töhor: sTod-hor
Tölung: sTod-lung
Tradrug: Khra-'brug

Trom: 'Khrom
Trülnang: 'Phrul-snang
Tsang: gTsang
Tsangpo: gTsang-po
Tsepong: rTse-spong
Tsethang: Tse-thang
Tshel: Tshal
Tshurphu: Tshur-phu
Tsongkha: Tsong-kha
Ü: dBus
Yarlha Shampo: Yar-lha-sham-po
Yarlung: Yar-lung/Yar-klungs
Yarlungchu: Yar-lung-chu
Yatö: Yar-stod
Yatung: Ya-grong
Zahor: Za-hor
Zhangzhung: Zhang-zhung
Zhalu: Zhva-lu
Zhe Lhakhang: Zhwa'i-lha-khang

Sachbegriffe:

Ani: A-ni
Barompa: 'Ba'-rom-pa
Beyül: sBas-yul
Bön, Bönpo: Bon, Bon-po
Changkya Khutukhtu: lCang-skya
   Qutughtu
Chöpa: gCod-pa
Chölkha: Chol-kha
Chushi Gangdrug: Chu-bzhi-
   gangs-drug
Dabdob: lDab-ldob
Desi: sDe-srid
Drigungpa: 'Bri-gung-pa
Drimo: 'Bri-mo
Drogpa: 'Brog-pa
Drubthob: Grub-thob
Dzo: mDzo
Dzong: rDzong
Ganden Phodrang: dGa'-ldan-
   pho-brang

Garlog: Gar-log
Gelugpa: dGe-lugs-pa
Gomchen: sGom-chen
Gongma: Gong-ma
Gyelpo: rGyal-po
Gyelse: rGyal-sras
Gyeltsab: rGyal-tshab
Gyewa Rinpoche: rGyal-ba Rin-
   po-che
Je: rJe
Jonangpa: Jo-nang-pa
Jowo: Jo-bo
Kadampa: bKa'-gdams-pa
Kagyüpa: bKa'-brgyud-
   pa
Kanjur: bKa'-'gyur
Karmapa: Kar-ma-pa
Kashag: bKa'-shag
Khata: Kha-btags
Kuzhang: sKu-zhang

Kyicho Künthün: sKyid-phyogs-kun-mthun
Labrang: Bla-brang
Lama: Bla-ma
Lamyig: Lam-yig
Magpön: dMag-dpon
Minyag: Mi-nyag
Mönlam Chenmo: sMon-lam-chen-mo
Neyig: gNas-yig
Ngagpa: sNgags-pa
Nyingmapa: rNying-ma-pa
Nyönpa: sMyon-pa
Phagmodrupa: Phag-mo-gru-pa
Pholha: Pho-lha
Pöpa: Bod-pa
Pönchen: dPon-chen
Rime: Ris-med
Rinpoche: Rin-po-che
Rushi: Ru-bzhi
Sakya Tridzin: Sa-skya-khri-'dzin
Sakyapa: Sa-skya-pa
Sarmapa: gSar-ma-pa
Sera Je: Se-ra-byas
Shen: gShen
Sumpa: Sum-pa
Taglungpa: sTag-lung-pa
Tenjur: bsTan-'gyur

Terma: gTer-ma
Tertön: gTer-ston
Tongde: sTong-sde
Tongpön: sTong-dpon
Trapa: Grva-pa
Tri Rinpoche: Khri Rin-po-che
Tride: Khri-sde
Trikor: Khri-skor
Tripa: Khri-pa
Tripön: Khri-dpon
Trom: Khrom
Tsang Gurmowa: gTsang mGur-mo-ba
Tseje: rTse-rje
Tsen: Tshan
Tsenpo: bTsan-po
Tulku: sPrul-sku
Uru: dBu-ru
Yasangpa: g'Ya'-bzangs-pa
Yangsi: Yang-srid
Yönchö: Yon-mchod
Yöndag: Yon-bdag
Yönru: g'Yon-ru
Yülha: Yul-lha
Zhalupa: Zhva-lu-pa
Zhamarpa: Zhva-dmar-pa
Zhang: Zhang
Zhung: gZhung

Werktitel:

Bashe: dBa'-bzhed
Gyapö Yigtsang: rGya-bod-yig-tshang

Kathangdenga: bKa'-thang-sde-lnga
Mani Kambum: Mani-bka'-'bum

Personenregister

Ortsregister

Sachregister